1. 运城学院博士科研启动项目 YQ-2023038 民族传[统体育]路径研究。

2. 山西省高等学校教学改革创新项目 J20231173 高校武术[课程]育人的教改策略研究。

3. 优秀博士来晋科研专项课题 QZX-2023036 民族传统体育与美育融合实践路径研究。

4. 山西省高等学校哲学社会科学研究项目 2023W160 中国传统修身美学视野下高校武术德育实践研究。

WUSHU MINJIAN CHUANCHENG DE SHEHUI JIZHI
——YI SHITU MENHU CHUANCHENG WEI KAOCHA SHIJIAO

武术民间传承的社会机制
——以师徒门户传承为考察视角

刘启超 ◎著

中国书籍出版社
China Book Press

图书在版编目（CIP）数据

武术民间传承的社会机制：以师徒门户传承为考察视角 / 刘启超著. -- 北京：中国书籍出版社，2024.8. -- ISBN 978-7-5068-9997-0

Ⅰ.G852

中国国家版本馆CIP数据核字第2024P233F2号

武术民间传承的社会机制：以师徒门户传承为考察视角
刘启超　著

图书策划	尹　浩　李若冰
责任编辑	吴化强
责任印制	孙马飞　马　芝
出版发行	中国书籍出版社
地　　址	北京市丰台区三路居路97号（邮编：100073）
电　　话	（010）52257143（总编室）（010）52257140（发行部）
电子邮箱	eo@chinabp.com.cn
经　　销	全国新华书店
印　　刷	廊坊市博林印务有限公司
开　　本	710毫米×1000毫米 1/16
字　　数	201千字
印　　张	11.25
版　　次	2025年1月第1版
印　　次	2025年1月第1次印刷
书　　号	ISBN 978-7-5068-9997-0
定　　价	72.00元

版权所有　翻印必究

前　言

本书围绕"武术如何在民间延续"的问题而展开，从师徒门户传承切入，整理武术民间传承经验，探索师徒门户传承的运作规律与社会机制，力争为当代武术传承提供借鉴。研究运用文献资料、实地调研、个案分析等方法，在对山西祁县与河北沧州共7个拳种进行实地调研基础上得出以下结论。

第一，门户是武术民间传承的阵地，并以"一个主题，两大任务"构成师徒门户传承的内涵。其中，延续师门支系是民间传承的主题，也组成了武术民间社会延续的基础；对"传承主体"与"传承对象"的再生产是民间传承的两大任务，师徒门户传承以"非亲而亲"的关系连接把外人变成门户人，以"相异相生"的我/他区分发展门户技艺，完成武术的传承任务。

第二，师徒传续接力是武术民间传承的运作模式。师徒门户传承谱系不仅赋予师徒"权责一体"的代际身份与角色使命，而且也在传续目标设立、传续关系建立、传续责任形成三方面完成传续连接。师徒传递与接续既维系武术传承链条不断，也成为延续武术门户的合作机制。

第三，代际责任是师徒门户传承的接续动力。武术的民间传承是以"一代传一代"的社会接力为其文化实践的动力，师徒"传递—接续"所形成的上下承接代际责任关联，作为师门支系的纵向延续动力，也成为武术世代延续的持续动力。

第四，身份意识塑造、门户产权确立、历史意识自觉是师徒传续责任形成的标志。师徒门户传承中所形成的多元一体的家族相似性，一方面师父将门户技艺分散给弟子，纹刻于弟子身心的门户技术，既将门户技艺进行集体保存，也对门户技艺进行集体共享；另一方面弟子携带门户文化基因、文化资本的继承并创新，既推动门户品牌建设，也发扬门户、推动了门户发展。

第五，武术民间传承的特点是直系继承。直系继承是师徒门户传承的社会保障。师父将弟子作为本门延续的希望，弟子也自觉是师父传人，师徒彼此直接关联、上下承接保障了传承的有效性。一方面，师徒紧密相连建立稳固的直系传承关系，保持传承的确定性。另一方面，师徒保持垂直的承接关系，对师父负责与承诺支撑着弟子传承行动，维系传递与接续链条不断，保持传承的连续性。在师徒传承与师生传播双重变奏的民间传承中，师徒传续是传承的主旋律，直系继承始终是保障传承牢固有效的有力措施。

在结论基础上，本书还对师徒门户传承机制的理论研究与应用性研究进行了反思与展望。一方面，师徒门户传承的理论研究，既需正视问题，去除糟粕，更需从传承是动词而非名词的认识出发，进一步聚焦传承方式与传承过程，深入探索武术师徒门户的文化个性。另一方面，鉴于师徒门户传承不仅是技术继承与创新，还是社群关系延续的社会再生产，既可以"建立群体视角，关注传续责任，重视文化遗产精神层面的继承"等推进武术非遗传承与保护实践，也应以"指导学生理解武术文化传承的内在理路，树立根脉接续意识，建立情感认同"深化学校武术教育教学改革。

作者在本书的写作过程中，参考引用了许多学者的相关研究成果，也得到了许多专家和同行的帮助和支持，在此表示诚挚的感谢。由于作者的研究水平有限，加之时间仓促，本书难以做到全面系统，谬误之处在所难免，敬请同行和读者提出宝贵意见。

刘启超

2024 年 6 月

目 录

第一章　导论 ··· 1
第一节　研究缘起 ·· 1
第二节　研究目的与意义 ·································· 5
第三节　相关概念界定 ···································· 6
第四节　研究方法与研究思路 ······························ 9
第五节　研究现状与评述 ·································· 16

第二章　武术民间传承的主体构成 ··························· 31
第一节　师门支系：师徒传承的集体背景 ···················· 33
第二节　身份认同：门户传承的行动逻辑 ···················· 38
第三节　武术群体传承的理性实践 ·························· 59
第四节　本章小结 ·· 63

第三章　武术民间传承的基本运作 ··························· 65
第一节　传续目标的设立 ·································· 65
第二节　传续关系的建立 ·································· 82
第三节　传续使命的形成 ·································· 91
第四节　本章小结 ·· 100

第四章　武术民间传承的社会维系 ··························· 103
第一节　武术传承与社会变迁 ······························ 103
第二节　武术民间传承的变奏与主旋律 ······················ 107
第三节　武术民间传承的稳定性维系 ························ 115
第四节　本章小结 ·· 120

第五章　结论与反思 ·· 122
　　第一节　结论 ··· 122
　　第二节　研究反思与展望 ··· 124

附录 ··· 135
　　访谈提纲举要 ··· 135
　　访谈材料节选（一） ·· 136
　　访谈材料节选（二） ·· 143
　　访谈材料节选（三） ·· 150

参考文献 ··· 155

后记 ··· 168

主要学习经历 ··· 171

攻读博士期间科研经历 ··· 172

获奖情况 ··· 173

第一章　导论

第一节　研究缘起

一、研究背景

自 2003 年至今，我国非物质文化遗产保护经历了"技术抢救—传承人保护—文化生态保护"的发展路径，从最初的积极实施保护，借鉴他国经验到实验性实践，再到本土化经验的发展，中国非物质文化遗产保护研究逐渐走向纵深，也越来越注重对本国历史经验与传统的借鉴与融合，发展适应于中国实践的文化保护体系。在具体措施上，主要表现为"整理申报—技术保护—传承人认定—传承法制定—生态保护—社区参与"的演进脉络，逐步走向以"活态传承"为中心的道路。

非物质文化遗产的保护也成为武术理论研究的重要论题，如对传承人保护"资金鼓励、制度建设、人才培养、学校推广"[1]，以及非遗"保护政策、保护方案、保护手段、保护体系、保护机制、保护意识"等研究[2]。武术非物质文化遗产保护研究为"申遗时代"提供了理论对策支撑、是非遗"输血性"保护的环节，也实现了非遗前期工作的"抢

---

[1] 牛爱军，虞定海. 非物质文化遗产保护视野下的传统武术传承制度研究[J]. 体育文化导刊，2007（4）：20-22.

[2] 白晋湘，万义，龙佩林. 探寻传统体育文化之根 传承现代体育文明之魂——非物质文化遗产视角下民族传统体育研究述评[J]. 北京体育大学学报，2017，40（1）：119-128.

救"目标。进入"后申遗时代",需在前期工作基础上,进一步结合武术民间传承之历史与现实,找出武术非物质文化遗产传承之逻辑,以实现其"造血"功能。

民间传承是武术活态存续的社会基础,武术非物质文化遗产保护的主阵地也在民间。为此,武术非物质文化遗产保护研究、武术文化研究、武术传承与传播研究纷纷将"民间传承"作为理论研究的中心。龚茂富对武术民间传承的"实体"进行了研究①,其对四川青城派的发展现状与传播方式的研究,展示了民间武术流派的生存样式、传播方式、经济活动方式,增加了对"民间"这一传承场域的认识,更为重要的是对"民间传承群体"这一研究对象的关注,拓宽了武术传承主体的研究。侯胜川对福建香店拳民间传承进行了全面展现②,特别是将研究焦点集中于"民间拳种持有人",使民间武术传承研究更加细致。张兴宇强调民间社会中技艺的保存与社会互动关系③。这些"武术民间传承"研究关注的焦点已经从"技术"转移到技术生存的"社会",其研究角度新颖,具有理论启发意义。

二、研究问题

承认民间传承有着自身发展方式与行为逻辑,是探索武术传承与保护的前提。

第一,武术民间师徒传承的传统有"一般弟子"与"入室弟子"之分④。这种分别的存在,外在解释是"门里/门外"的身份关系有别,内在深层的含义却是有着"学技艺"与"传身份"的任务区分。如果

---

① 龚茂富. 青城派武术生存现状及传播方式研究 [D]. 北京:北京体育大学,2011:15.

② 侯胜川. 门户视野下当代民间武术家的生存状态与发展研究——以香店拳传承人为例 [D]. 福州:福建师范大学,2017:8.

③ 张兴宇. 梅花拳与村落自治生活研究 [D]. 济南:山东大学,2018:20.

④ 周伟良. 传统武术训练理论论译 [D]. 上海:上海体育学院,2000:23.

说一般弟子是学生，学习技术与现代教学同义的话，那么入室弟子则带着"传薪"的使命，不仅传习师门技艺，而且还有接续师门谱系的社会文化意义。因此，民间传承应看到一般弟子与入室弟子之区别，注意入室弟子具有"传技艺"与"传身份"的双重角色内涵。

第二，民间传承有一个武术社会网络存在，且发挥重要作用。如果仅有技术而没有师承关系，那么在与民间习武者的交际中就会因缺乏熟识的身份根基而难以得到接纳。沧州劈挂拳传人郭贵增先生就要求其子女"到竞技武校中学艺，回传统武术中拜师"，因为只有拜了师父才能进入这个"社会"，入这个圈。拜师在此时的首要意义已经不再是技术教学，而是社会身份赋予，有了师门身份才能融入武术圈，在武术社会互动中有所凭依。此时，武术的民间传承不仅是师门技艺的传承，也是师门支系的延续，各师门支系的互动组成了武术社会，也是传统所言"武林"的现代称谓。

第三，师门身份是社会交往的通行证，同时也赋予了师门支系的传承责任，生发出"（技艺传承）不能在我这一代断了"的历史责任感。师门代代延续就是门户的再生产，也是武术社会的再生产。所以，武术的民间传承就是武术社会的再生产过程。民间传承中武术技艺嵌入武术社会的延续中，师门延续不断，技艺也不会断绝，技艺与武术社会在存续中发展。从武术传承的现代发展情况来看，民间拳师仍有将"学生变成徒弟"的传承实践，也正体现出师门支系再生产的内在需求。

现有"传承"研究的问题在于，主要将焦点集中于"一般弟子"的教学技术，而缺少对"入室弟子"传薪的社会意义考察。既有研究将武术传承视作武术技术的知识转移过程，多关注教学技术性问题及其相关政策性与对策性建议，忽视了传承的社会特性。这种将"传承＝技术普及推广"的认知模式存在两个问题：一是关注师父教"技术"而缺少如何使弟子"接续"的社会运作策略关照，即缺乏"传承何以可能"问题的深入探讨；二是关注技术的"教学"层面而无法解释民间武术传承中徒弟对于武术技艺忠诚度问题，即尚未涉及"传承何以持续"问题的思考。

其实，在民间传承实践中，我们最常听到的话语是"祖宗的好东西不能在我这一代断了"；有研究显示，"由于代表性传承人不希望自己师父辈传下来的文化遗产在自己手中失传，他们与先祖之间的口头承诺逐渐形成了某种特殊的约束力，这也是众多体育非遗代表性传承人挑起项目传承大梁的主要动力源泉"[①]。这些支撑着文化传承的"承诺"是如何形成并实现的？或者说，这种延续技艺的"社会责任"的形成显然已成为民间传承中重要的环节，是解析民间传承重要的线索。因此，重新回到武术民间传承的场域中，观察武术如何在民间延续，找出武术民间传承的行为逻辑，对于促进武术文化的传承与保护具有积极意义。基于此，本研究所回应的理论问题是，如何理解文化遗产的"世代相传"？武术民间传承的机制是什么？武术社会再生产何以实现？

同时，本研究也是对接当前非物质文化遗产保护"传承制度"的研究路径体现。"中国非物质文化遗产体系研究"重大课题首席专家彭兆荣先生指出，中国非物质遗产保护存在着"重现实价值"而"忽视生成原理"的问题。正如他所说："俯瞰今世之'遗产运动'，人们更多、过多、太多地关注遗产的'既定价值'——即那些以今天的价值去看待、去衡量的价值，尤其是可兑现、可开发和可利用价值，而忽视、忽略了遗产在历史延续过程的生成原理。"[②]为此，他指出："在我国的遗产事业中，保护遗产的诉求与保育遗产的生养制度同样重要。"[③]在此基础上，他提出应该重视文化遗产的生成与保养制度研

---

① 崔家宝，周爱光，陈小蓉. 我国体育非物质文化遗产活态传承影响因素及路径选择 [J]. 体育科学，2019，39（4）：12-22.

② 彭兆荣. 生生遗续 代代相承：中国非物质文化遗产体系研究 [M]. 北京：北京大学出版社，2018：172.

③ 彭兆荣. 生生遗续 代代相承：中国非物质文化遗产体系研究 [M]. 北京：北京大学出版社，2018：245.

究，即"生养制度"，因为"如果没有对遗产的养育和养护，我们今天便没有机会见到它们的真容"①。简言之，对文化遗产的养育和养护的探讨，就是对文化遗产延续机制的探讨；关注文化遗产的传承内生性、传承机制与动力，将是把握和开展文化遗产传承与保护的根本手段，对文化传承研究具有深化作用。这启发了武术传承研究应给予文化"存遗之法"更多的关注，这样有利于找出适合文化内在发展的保护方式，从而更好地制定文化遗产再生与保护的策略。因此就本研究而言，讨论"传承人"的目的并非仅停留在传承主体的传承行动上，而是更进一步发掘传承的逻辑，探究武术存遗之法，从而考察文化得以传承的内在机制。

第二节 研究目的与意义

一、研究目的

探索武术民间传承的社会动力，探讨文化遗产产生与遗续的社会机制，对非遗保护与传承进行反思。

二、研究意义

（一）理论意义

第一，从群体视角对武术传承主体的"群体性"进行关注。从对武术"技术"的关注转向对武术"社会生态"的关注，以社会互动的视角来看待武术传承问题。

---

① 彭兆荣. 生生遗续 代代相承：中国非物质文化遗产体系研究 [M]. 北京：北京大学出版社，2018：172.

第二,从"传承者立场"出发,以传承主体为中心,理解武术传承者的行为逻辑,探索武术传承经验。

第三,关注武术传承的"文化制度",拓宽理论视野探索深层的文化传承逻辑,对"武术传承何以如此?"的问题进行理论探索。

(二)实践意义

"后申遗时代"强调文化持续发展,要求将保护工作重心从"文化抢救"转移到群体自我保护的制度化建设上来,而真正能够实现"保护"的仍然要依靠具体的技艺持有群体进行发展。

由此,探索非物质文化遗产的自身规律,为武术民间传承与发展提供建议,对武术非物质文化遗产传承与保护具有实践意义。

第三节 相关概念界定

一、武术民间传承

民间是指与"官方"或"精英"相对的文化事项生存空间,有着特殊的传承方式与运作形态。日本民俗学奠基人柳田国男在《民间传承论》中认为:"'传承'的含义一般指人类特有的传递能力和机制,以及在人类社会代与代之间文化的传递和群体与群体之间文化的传播。"[1] 赵世林认为:"文化传承是指文化在民族共同体内的社会成员中作接力棒似的纵向交接过程。"[2] 可以看出,传承涉及两个问题:一是传承不限于个体传承,而是有着群体特征;二是传承是代际间活动,

---

[1] 王文章. 非物质文化遗产保护国际学术研讨会论文集 [M]. 北京:文化艺术出版社,2005:282.

[2] 赵世林. 云南少数民族文化传承论纲 [M]. 昆明:云南民族出版社,2002:17.

应该注意纵向的代际延续过程。

以此为参照,可以对武术的民间传承做一个概念界定。武术民间传承是指以拳种为基础,以师徒门派或门户为组织纽带,有序传续的文化实践活动。本研究将武术民间传承的讨论范围限定为"武术师徒在门户中对技艺进行纵向传续的活动"。讨论武术的民间传承是强调武术在"民间"的生存方式以及由此形成的特殊传承观念及传承行动。因此,本研究从社会互动层面,将技术作为社会网络中生存的对象,探讨社会网络对技术生存的影响。群体社会关系网络构成了武术技艺生成与保存的容器,探讨武术文化遗产的传承不仅要关注技术的"物质性"保存,而且还应关注社会关系的"非物质"存续,在此基础上理解武术文化遗存之法,找到内生动力源泉。

二、武术门户

武术门户是指"以某一拳种或某一拳师为核心形成的师徒共同体"[①],是拳种、流派的具体载体[②],既是武术拳种或流派的传承空间、传播阵地,也是师徒传承武术文化的组织机构。武术发展必定以门户为基础。就传承主体而言,门户可以理解为"传习武术拳种、流派技术的师徒群体单元",由"技术特性"和"群体特性"两部分构成,武术人因群体聚合形成门户,而群体风格又进一步表征门户。因此,门户不仅是一个"技术"概念,关乎拳种、流派技术分异,而且还是一个"群体"概念,因"人"的聚合承载保育武术文化。因此,门户是武术群体实践单元,是武术社会基本的组织细胞,在武术文化传承中发挥着不可替代的社会作用。门户既是武术文化生产的基本单位,担负着武术文化传承基本功能,也是武术发展对外展示的窗口,在武

[①] 戴国斌,陈晓鹰. 门户:武术想象的空间 [J]. 上海体育学院学报,2009,33(3):79-81.

[②] 戴国斌. 中国武术的文化生产 [M]. 上海:上海人民出版社,2015:83.

术文化研究中占有极为重要的地位。从武术门户的生产中，可以微观把握武术文化生产的逻辑，深刻认识武术文化意义。

三、师徒传续

传后有承谓之续。传续不是替代传承而创造的新词，而是对民间武术传承特点的概括。师徒制最初是技能教育的一种方式，但随着师徒对技艺的传承与发展，使得师徒制具有身份赋予与地位象征的文化意义，这在师父对徒弟与学生的区别对待中一目了然。师父对于徒弟的选择有着"将我这一支系传下去"的预期与谋划。徒弟具有传人的身份，既要继承技艺，还要担负继续传递技艺的责任，"不能让本门技艺在我这一代断了"。师徒之间形成了"传递"与"接续"的文化责任。这种因师传徒续责任而维系技艺传承的方式就是本研究所称谓的"师徒传续"。

武术在民间传承的机制是师徒形成的代际传承责任伦理与"文化接力"行动方式。当前教育传承往往关注传递与继承的教学关系，即"传—接"关系，而"接—续"关系却没能得到进一步探讨。传续就是将"传—承—续"这一连续性链条结合起来考虑，重点落实在"接续"的动力基础上，探索武术文化传承的内生力量，即文化传递的社会问题。某种程度上可以说，民间更加关注的是"如何延续"的问题。讨论"传续"的意义在于将武术人群体的传续现象作为一个独立研究对象，回到武术传承主体的角度考虑问题，从而更好地理解武术民间传承的社会实践道路，为武术非物质文化遗产传承与保护工作提供参考。

四、社会机制

机制是指"一组在控制条件下能被持续观察到同样也能通过推理获得的、因此可以被解释的固定结构性因果关系。""社会机制是指一组有着固定互动规律的因果关系"①。武术的民间传承区别于学校传承在于民间社会关系的延续。学校传承的问题在于：普及化的技术培训不能完全等同或代替传承。传承不能仅仅指技术的教学，学生学会技术并不能代表传承下去，如何延续下去才是传承考虑的根本问题，也是民间武术师徒传承的根本意义所在。民间传承过程中，技术普及推广的同时，师父似乎在寻找另一种"确定性"，即他们从长远的考虑来进行武术的教学，不仅考虑现在学生学会技术，更加考虑学生以后能否"练下去"，而这背后又有着学生将来是否能"传下去"的考量。因此，武术民间传承绝不只是技术的培训推广，还有着"传下去"的运行机制，这种可以带来"传下去"的确定性运作机制是民间社会延续的根本保障，也是武术在民间延续的解释机制。武术的民间传承是以门户关系延续而建立的社会互动过程，通过师门谱系延续保障技艺传承不断。因此，民间武术人在门户中进行的代际关系运作就是把握武术民间传承的一条重要线索，是理解武术社会运作机制，探索武术文化遗产生成保养机制的一条有效路径。

第四节 研究方法与研究思路

一、研究方法

（一）文献分析

通过搜集武术传承的两类文献资料对民间武术传承进行描绘与分析。一类是武术资料性文献。搜集武术师徒、武术传承的相关文献资料，具有代表性的如《逝去的武林》《武人琴音》，提供了有关形意拳师

---

① 赵鼎新.论机制解释在社会学中的地位及其局限[J].社会学研究，2020，35（2）：1-24，242.

徒关系的丰富材料，其他的材料则散见于期刊文献中，如《武魂》《武林》《中华武术》等杂志，这些早期发表的文章中有许多可供利用的材料，需发现整理。一类是理论性文献。阅读有关文化传承的社会理论与武术传承理论研究，具有代表性的文献如周伟良先生对武术师徒传承的经典研究，包括期刊论文《师徒论》、博士论文《传统武术训练论绎》是本研究的重要参考依据。温力先生与程大力先生的相关研究对本研究也有重要的参考价值。这些研究成果提供了思考的养分，在对学界研究成果的借鉴吸收基础上，进行对话发展，达到拓展知识的目的。

（二）实地调研

为增补民间传承相关资料，笔者进行了实地调研，获得一手材料。笔者分别于2018年8月、2020年8月、2021年7月在山西祁县与河北沧州两地分别对7个拳种进行了实地调研，具体包括戴氏心意拳、六合拳、查滑拳、八极拳、太祖拳、劈挂拳、通背拳。田野点与拳种的选择依据是：第一，这两地是部分拳种的发源地且所调查拳种源流有序，具有较高代表性与知名度。如山西祁县是戴氏心意拳的发源地，河北沧州的六合拳、八极拳、劈挂拳传承有序；第二，这两地都是武术之乡，武术拳种具有较好的发展水平，武术的民间生存状态相对较好，是调查武术民间传承样态的较好观测点；第三，这两地武术的拳种支系互动频繁，支系互动形成武术社会空间反映出武术民间生存的基本样态，为观察武术民间传承提供了充分的观察条件。如山西祁县地区的戴氏心意拳在本地区同门不同支，支系互动频繁，以此可透视门户互动交流情况。河北沧州地区拳种流派多元并存、师承清晰，较为完整的武术民间社会形态为观察与分析武术民间传承提供条件。

实地调研采用的具体实施方法包括参与观察与深度访谈。

第一，参与观察。为深入了解武术民间传承的运作方式以及传承者的行动意义，笔者进入拳场以参与者、观察者、研究者等不同身份对其进行观察，通过参与拳场活动，观察、感受民间武术传承者的传承活动与内心世界。作为参与者，直接参加武术人的社会活动，特别是拳场活动，沉浸其中体会与感受武术人的行动意义。作为观察者，从客观的角度既沉进去也走出来地观察武术人的互动过程。作为研究者，自觉地将现有研究理论与知识以及观察到的实际素材进行比较、对接、反思，为研究总结与抽象作基础。田野武术中不少有价值的材料来自观察。受访者不经意的举动、言辞，拳场中其他人的言语等，往往成为打开研究的突破口。对于一些隐秘的行为逻辑，需要调研者能够觉察分辨出"话外音"，理解受访者真正的意思。例如，拳师并不承认他们的师徒群体是门户，也对"门户"避而不提，但在其话语中却常常出现"师门""本门""本支系"等字眼，以另一种表达方式体现了门户的存在。也就是说，民间武术的文化传承虽在话语上并不提及"门户"，但在其思维方式与运作机制上却处处显示"门户"的存在；不仅以"本门"强调其师门内部的群体认同，而且也以"他门"突出其师门间的区分互动；师门不仅作为师徒传续的阵地，而且也是师徒互动的空间。这些需要研究者带着学术敏感性进行观察与反思得来。

第二，深度访谈。受访者首先都是各拳种传人，习武年限均在10年以上。大多是国家级、省级非物质文化遗产传承人，在国家政策的承认与支持下进行武术的传承工作，在官方与民间都有一定的认可度。调研对象覆盖老、中、青不同年龄段、师徒不同角色身份以及不同传承方式。深入访谈的时间每次在一小时以上，累计形成36万字的录音文字资料（部分访谈材料参见附件）。访谈主要围绕师徒对传承问题的看法以及如何传承、师徒责任与使命的传承等问题，了解武术民间传承样态以及师徒关系在文化传承中产生的意义，为本研究架构民间武术传承方式作充分准备。如果出现有关传承的问题需要进一步明确，则进行二次或多次补充访谈，不断丰富完善资料，见表1-1。

表 1-1 主要访谈人情况列表

编号	访谈时间	姓名	所属门派	世系身份	访谈地点	年龄	习拳年限	备注
1	2018年8月2日	CJF先生	戴氏心意拳	第六代传人	山西祁县	58	38	于8月6日补充访谈
2	2018年8月4日	WY先生	戴氏心意拳	第六代传人	山西祁县	54	34	分别于8月5日、8月6日、8月8日、8月9日进行四次补充访谈
3	2020年8月13日	STD先生	六合拳	第八代传人	河北沧州	60	50	
4	2020年8月15日	CYG先生	八极拳	第八代传人	河北沧州	60	50	
5	2020年8月15日	CZJ先生	八极拳	第九代传人	河北沧州	36	26	
6	2020年8月16日	MZC先生	查滑拳	第七代传人	河北沧州	70	60	
7	2020年8月17日	HJT先生	太祖拳	第九代传人	河北沧州	80	70	
8	2020年8月17日	MZ先生	太祖拳	第十代传人	河北沧州	24	14	
9	2021年7月27日	WZH先生	劈挂拳	第七代传人	河北沧州	68	58	
10	2021年7月27日	GGZ先生	劈挂拳	第七代传人	河北沧州	73	58	
11	2021年7月30日	LHL先生	通背拳	第七代传人	河北沧州	65	55	
12	2021年7月30日	MZ先生	太祖拳	第十代传人	河北沧州	24	14	时隔一年后补充访谈（上次访谈是2020年8月17日）

（三）个案研究

个案分析是人文社会科学提供分析材料的基本方法。个案的分析可以提供明确、清晰的案例与理论分析的素材与依据，构成研究的基本组成部分。但是个案在提供研究材料的同时，始终面临案例的"特殊性"与解释的"一般性"如何平衡的矛盾，也就是通常所说的"个案的代表性"问题。为解决这个问题,学界进行了广泛讨论,形成相对的共识,即个案具有典型性可以进行理论推论即可。"案例分析的成果,如果可以让面对其他案例的研究者发生'似曾相识'的联想,启发人们运用这一案例提供的知识,解答自己所见的事实,就说明其发现具有典型意义,因为它提出的问题和解答,具有衍射到其他同类行为的解释能力。"[①]案例以及案例呈现的经验事实并不一定要具有数学意义的绝对代表性,而是通过案例可以呈现的内容与结论对既有认知进行拓展,或者引发注意与思考,从而激发理论研究的问题与研究意义。这就是说,研究采用的案例可能不具有"代表性",但一定要有"典型性"。在此基础上,对案例概括并进行适当推论,使案例为理论分析服务,典型性可以起到杯水观澜的效果。因此,本研究在选择个案时,不要求统计意义上的"代表性",而是以服务论题意义上具有充分"说明性"为目的。通过对多个拳种考察,根据民间武术传承特征的类别,选定三个典型的案例作为分析对象,分别是沧州六合拳的传承,沧州太祖拳传承、祁县戴氏心意拳传承。以三个典型案例展示民间武术传承的多种样态,但其共同点在于都以"师徒传续"关系作为技艺传承不可缺失的部分进行发展,对于民间传承的普遍形态具有典型说明意义。

二、研究思路与框架

(一)研究思路

本研究从文化社会学出发,试图以武术文化延续作为考察点,将"传—承—续"连接起来,重新理解民间武术的传承经验,从"师传"与"徒续"两方面探索民间武术文化传承的运作规律与社会机制,力争为当代武术传承提供借鉴。从文化社会学的角度来看,文化传承就

[①] 张静.案例分析的目标:从故事到知识[J].中国社会科学,2018(8):126-142,207.

是文化的再生产。武术传承是由武术持有者社群进行的再生产活动，这种再生产活动不仅是技术的继承与创新，而且也是社群关系延续构成的社会再生产。如果我们将武术作为一种中国社会的文化事项，而不仅是一门技术，那么就要考虑这种文化在社会中如何延续下来，如何参与人的行动，那么就要回答"文化通过何种方式进行传承？武术文化绵延传承的机制是什么"？这就不再只是技术教育的视角，而是具有了整体社会延续的思考维度。武术文化的传承不仅是武术技术传承，而且是武术社会的延续。当以这一思考路径来看待武术传承时，将突破以往的技术教育学视角而深入到文化传承的社会行动逻辑，带来武术传承研究新的角度。

循此路径可认为，武术民间传承是借助民间社会的保存与延续而生产武术的过程，是一种社会生产的形态，这也是讨论民间武术社会再生产问题的出发点。武术社会的再生产不是个体散点式的自由发展，而是在社会结群的门户空间进行单位化发展的结果，门户成为武术社会发展的支点。由此，本研究以武术文化遗产的社群传续为切入点，通过对武术文化遗产在武术传承群体中横向传播与纵向传递为维度，展示武术文化传承逻辑，探寻内在文化根源，以此为激活武术文化传承活力提供参考。第一，在横向方面，门户建设的群体空间使每一个门户成员成为流动的传承媒介，将本门武艺对外传播。第二，在纵向方面，师徒在世系谱系的历史意识中完成自身角色使命，"师传—徒续"构成文化传承的纵向代际关系，进行纵向的文化传承。第三，超越技术外显层面的分析，探察武术遗产存续的文化逻辑。"世系传续"是武术文化遗产存续之法，"历史意识"是民间传承基本行动伦理，"直系继承"是民间传承关系连接方式。此文化逻辑是武术文化遗产的存续原因，是激发武术传承主体积极性与内在动力的源泉。这一文化传承逻辑或传承文法也是非物质文化遗产的"非物质性"所在，值得认识与保护。

（二）研究框架

本书共分为五章。

第一章导论从文化遗产保护角度切入武术民间传承发展问题，在文献综述的基础上提出武术民间传承研究需要解决的问题，同时介绍了研究思路与方法，并对本项研究所涉及的基本概念进行了界定。

第二章分析了武术民间传承的主体构成。主要解决的问题是，武术民间传承的主体构成如何？师徒传续背景如何？生存于门户空间中的群体逻辑如何？

第三章探索了武术民间传承的基本运作。具体回答"作为传承单位的门户如何实现代代相传"的问题，指出武术民间传承的运作机制是师徒建立传续关系，师传徒续的代际责任与使命维系门户继替，保持师门支系的延续发展。

第四章探讨了武术民间传承的社会维系。在社会变迁中师徒传续如何保持稳定延续？维系武术师徒传续生命力的本质是什么？

第五章是结论与反思。包括结论和反思与展望两部分。在总结各章内容和观点的基础上，得出本研究的结论，即武术的民间传承形成了师徒"传续"的历史责任意识，对武术传承发挥牢固且持续的维系作用。在"反思与展望"中反思武术文化传承研究，指出应该重视武术民间传续的当代意义，应重视"历史意识"的培育，尊重社群发展；武术民间传承存在的问题以及如何创新等内容，展望后续的研究。

第五节 研究现状与评述

一、武术民间传承研究现状

随着武术研究的推进，特别是非物质文化遗产保护研究的推进，对于武术文化传承遗产保护中"传承人"的保护成为学界共识。不少学者都提出了对武术"传承人""传人"的保护，如"武术传承的主体"[1]"掌握武术的主体"[2]"武术文化的核心载体"[3]等。有学者提出了在政策方面予以支持的具体保护策略，"资助传承团体、传承个人，以明确传承的权利和义务、授予其荣誉称号等方式进行保护与扶持"[4]。武术传承研究也从"武术技术"到"武术人""武术持有者"[5]的主题转换，而对"文化空间"的理论阐发[6]，则将研究视野深入到武术传承的社会空间，这是武术传承研究思路拓宽的直接体现。对传承人的研究也从个体性"官方认定的传承人"转换到对传承群体的关注，形成"武术门户"[7]研究与"民间习武共同体"[8]研究两个方阵。前者探讨武术文化生产问题，作为文化空间不断再生产社会关系与武术技术，后者

---

[1] 王岗. 关注武术传承的主体：人[J]. 搏击·武术科学, 2006 (12): 1.
[2] 马剑. 保护武术遗产的思索与期盼[J]. 中华武术, 2007 (9): 56-57.
[3] 洪浩. 以人为本保护武术文化遗产[J]. 中华武术, 2007 (8): 56-57.
[4] 牛爱军. 从非物质文化遗产视角对"传统武术传承人"保护问题的探讨[J]. 武汉体育学院学报, 2008 (10): 52-55.
[5] 侯胜川. 门户视野下当代民间武术家的生存状态与发展研究[D]. 福州：福建师范大学, 2017: 17.
[6] 吉灿忠. 武术"文化空间"论绎[D]. 上海：上海体育学院, 2011: 30.
[7] 戴国斌. 武术：身体的文化[M]. 北京：人民体育出版社, 2011: 20.
[8] 吕韶钧, 张维凯. 民间习武共同体的提出及其社会文化基础[J]. 北京体育大学学报, 2013, 36 (9): 4-8, 18.

探讨习武者结群的运作规律。从研究发展的总体趋势上看，武术传承研究主题由"技艺保护"到"传承人"、由"器物遗存"到"社会动态运行"、由"个人性传承人"到"群体性继承人"的变化，研究视野不断扩展，更加注重文化传承中的动态变化，研究也更加具体与细化。

武术民间传承研究的不足在于，多将落点集中为直观的"技艺"层面，将"民间武术"定义为一种特殊的技艺形态存在。例如，龚茂富采取"属加种差"的方法将民间武术的概念界定为："以攻防动作为基本内容，以师徒传承为主，注重内外兼修的中国民间技击类体育项目"[①]。从定义的角度，将"民间武术"作为"体育"的分类界定是没有问题的，但如果仅从"体育"概念角度来研究"民间武术"却容易导致视野窄化的问题。因为从体育视角来看，民间武术成为一种"项目"，是类型的划分，重点集中到体育属性与特色上。事实上，"民间武术"在技术类型的特性之外，更加强调技术的保存形态，也就是武术的生存与传承状态。对民间武术"体育项目"的定义方式突出了"技艺"的特点，但并没有对"民间"进行解答。那么是否可以直接将"民间"理解为"非官方"呢？似乎这样也并不可行，因为现有的民间传承多有与官方交叉融合的地方。如果仅以这样的理解来定义民间的话，就存在语义矛盾的地方。那问题出在哪里呢？原因可能就在于以"技术"为中心定义时，无法避免这样的问题，因为物化的"技术"无法作为分界标识。因此，应该将"民间"作为一种存在状态来理解更为妥当。这个民间涵盖的是整个武术社会的"另一种"存在方式。之所以说"另一种"，是为了区分现行的普及教育模式，主要表现为学校教育的师生制度，武术馆校、专业队的运动训练制度。民间武术不仅是一种"技术"形态，还是一种"社会"形态，即在民间如何保存与延续技艺的社会形态。"民间"接近于武术生存的传统状态，所以与传统武术始终联系在一起。

---

① 龚茂富．青城派武术生存现状及传播方式研究[D]．北京：北京体育大学，2011：13.

综上所述，在界定"民间武术"时应有两种路径：一是认为民间武术是一种项目类型，即特殊的武术技术类型；二是认为民间武术是一种生存形态，即特殊的传承样态。本研究出发点基于后者，重点关注武术在民间的生存与传承样态，考察武术在民间这样一个文化场的运作方式，从而理解武术文化传承的内在动力与活力，进而展示武术文化传承的行动逻辑。

二、武术门户研究现状

武术门户自近代（20世纪30年代）进入学术讨论的视野，但大多数是在"门户之见"话语下的否定性评价研究。如许禹生认为"门户之见"是"国术之兴"的"害群之马"。"门户之见不除，诚为提倡国术之障碍。害群之马不去，国术终不能兴盛也。"[1]重远将"分门户"作为"国术家们"的"病症"之一，在"疾病"话语下，对武术门户作否定性评价。他认为："今天国术家的——分门户，论长短，结私党，造派别，磕头认师父，各是其事的现象，较比以往实有过之无不及。"[2]田镇峰认为"门户之见"是"革命"的对象。"我们要提倡国术，是非革命不可。但是我们国术革命要从哪里做起，第一先将门户之见取消，取消门户的见解，便无意气之争。"[3]此后很长一段时间，对于"武术门户"的研究，都处于这种消极语境之下。

20世纪80年代，随着中国社会"文化热"的兴起，武术发展的文化性问题得到极大关注，1990年"中国武术与传统文化"学术讨论会的召开对武术文化研究具有奠基意义。此后，将武术置于中国特定的社会历史环境和文化背景中进行理解阐释成为武术研究的自觉意

---

[1] 禹生. 为国术家尽一忠告 [J]. 体育，1932，1（1）：2.
[2] 重远. 如何能除祛国术家们的病 [J]. 求是月刊，1935，1（1）：16.
[3] 田镇峰 讲演，吕岩岑 记录. 省考纠纷之解剖 [J]. 求是月刊，1936：34-36.

识。在此背景下，中国社会的"家国同构"特点很自然被提到"前台"。武术门户的研究十分自然地被置于"中国社会的家族、宗族主义"特征中，将中国武术门户的形成与发展归结为中国"家族主义"社会环境所致，并且作为惯性思维持续发挥影响，以至于关于门户的形成问题均在这一框架下进行论述。如程大力先生认为，武术门派的产生与中国社会宗法制度的内向封闭的特点有着极为密切的关系[①②]。可以看到，这一时期仍然将"家族或宗法"作为消极因素看待，这背后有着学界整体的历史背景。"在几乎整个20世纪中，宗族基本上被当做落后、消极的东西。"[③]因为自严复译《社会通诠》便"将封建社会等于宗法社会并看作历史发展阶段中一个落后社会的认识得以迅速扩散"[④]。对宗族制度的批判，在"传统—现代"的二元对立框架中得以确立，其中充满了歧异与矛盾，以及意识形态化的努力。[⑤]

进入21世纪，学者对武术门户的认识进一步深化，除了中国文化研究热的继续推动外，还因武术发展内部需要使然。20世纪80年代的武术"挖掘整理"工作，促进了武术技术层面的发掘，发现了一大批拳种、器械、拳谱等实物资料，取得了不错的成绩。但是，随着时间的流逝，老一辈武术拳师相继辞世，许多武术拳种面临"人亡艺绝"的现实处境，这让人们意识到武术"挖掘整理"工作立足"器物"层面存在的不足，需要在新时期进行转换。在这一背景下，武术工作的重点从静态的、硬件的实物"保存"过渡到动态的、软件的技艺"传承"

---

① 程大力. 武术与宗法传统 [J]. 体育文史，1990（6）：42-44.

② 程大力，刘锐. 关于中国武术继承、改革与发展的思索——由武术门派的渊源成因看武术门派的发展走向 [J]. 成都体育学院学报，1998，24（4）：21-25.

③ 常建华. 二十世纪的中国宗族研究 [J]. 历史研究，1999（5）：140-162.

④ [日] 沟口雄三. 日本人视野中的中国学 [M]. 李苏平，龚颖，徐滔，译. 北京：中国人民大学出版社，1996：29-30.

⑤ 袁红涛. 在"国家"与"个人"之间——论20世纪初的宗族批判 [J]. 天府新论，2004（5）：119-121，130.

保护。由此,"武术传承"成为武术发展与武术理论研究重点关注的内容。在此基础上,从20世纪末开始,以"师徒传承"为主的武术教育模式开始重新回到人们讨论的话语中。随着社会改革浪潮的发展,武术的民间传承蓬勃发展,呈现出一片繁荣景象,人们对武术的热情大为增加。此时,国家提倡武术社会化发展,调动了民间武术发展的积极性。民间武术馆校、协会、拳社等纷纷兴办成立。国家组织"武术之乡"评选活动,进一步激励各地武术发展。

  社会的需要促进了武术教育的发展,促进了人们对武术学校教育与门户教育两种不同形态的考虑与探讨。特别是21世纪初,"非物质文化遗产"传承问题的讨论,人们将目光集中于"传承人"的问题、"武术传承方式"等问题,促进了武术非物质文化遗产学术的争鸣。在此种背景下,武术门户的讨论被置于"师徒"传承的语境中,以门户为单位的师徒传承关系不再局限于否定性的话语。学者开始更多地关注师徒传承的积极意义,而以师徒关系为核心形成的门户单元,也在此种框架中得到新的阐释。以"师徒传承"为方式,以"口传心授"为手段的传统武术传承体系成为武术传承的"文化生态"[1]"文化空间"[2][3]被强调。学者呼吁重视以师徒制为主要传承方式的"活态传承"[4]"动态传承"[5]等。这些对武术师徒传承的研究为武术门户研究提供了新的语境,具备了较好研究条件。不足之处在于对武术门户的研究并没有形成一种自觉,无论是在对象上、方法上,还是视角上,门户的研究

---

[1] 李吉远,谢业雷."文化生态"视域下传统武术的传承与保护[J].西安体育学院学报,2009,26(2):190-193.

[2] 郭玉成.武术传承的文化空间[J].武术科学,2007(2):1-2.

[3] 吉灿忠.武术"文化空间"论绎[D].上海:上海体育学院,2011:30.

[4] 牛爱军,虞定海.非物质文化遗产视野下的传统武术保护问题[J].文化遗产,2007(1):144-147.

[5] 王林,虞定海.传统武术非物质文化遗产传承的困境与对策[J].上海体育学院学报,2009,33(4):85-93.

都处于附属地位，没有形成独立的研究领域。而在对武术门派或门户的相关研究中，仍停留在"家国同构"的简单描述上，而对武术门户之"家"的文化特性的自身逻辑没有特别关注。"门户之家"的运作逻辑如何？武术文化是如何在"家"中产生出来？类似问题都还没有得到很好解答。

近年来，武术研究从整体性、宏观性的"文化研究"逐步深入与细化发展出"地域武术研究"[①]"拳种文化研究"[②]，总体呈现出"微观化"的趋势，而对"门户"的重新理解则是对武术文化研究进一步微观化实践的表现。门户在原先技术视野认识之后，戴国斌教授自2005年以来从社会视野出发，对其进行了持续而系统的研究。对此，他梳理了"门户之见"形成的原因，定义了"门户"的概念，分析了武术门户"创拳者—授拳者—习拳者"三类角色，在武术技术文化继承与创新上的互动。在《武术：身体的文化》[③]一书中，率先对武术门户的社会组织性进行了重新考量，对门户的技术功能与社会功能性进行了研究，强调门户承担的社会责任，突破了"门户=门户之见"的思维定势，为武术门户研究打开新思路。在《中国武术的文化生产》[④]一书中，基于"微观化"的学术立场与方法学定位，从"门户"这一武术场域的基本单位入手阐释了武术文化过程，又进一步促进了武术文化生产的研究。《中国武术传播三题：文化史视角》[⑤]一文中，阐发了文化传承对象"三千弟子/七十二贤人"、传承观"师中心/徒中心"、

---

① 郭志禹，郭守靖.中国地域武术文化研究策略构想[J].体育科学，2006，26（10）：87-90，94.

② 戴国斌.文化自觉语境中武术研究的探索与思考[J].上海体育学院学报，2014，38（5）：65-69.

③ 戴国斌.武术：身体的文化[M].北京：人民体育出版社，2011：15.

④ 戴国斌.中国武术的文化生产[M].上海：上海人民出版社，2015：82.

⑤ 戴国斌.中国武术传播三题：文化史视角[J].上海体育学院学报，2016，40（3）：56-61.

教育观"德中心/技中心",贡献了诸多出色的本土文化概念,拓展了武术传承研究的话语体系,也为武术非物质文化传承研究在文化自觉语境中何以实践提供了范例。

紧随其后,由其授业弟子组成的学术共同体接续此研究思路,相继产生了多个成果。韩红雨对以"门户"为单位的师徒传承进行文化解释,认为以"师访徒三年,徒访师三年"为特征的互动仪式,是一种门户"准入制度",是门户立足社会的不二法门,也是确保武术行业规范与发展的重要保证。[①]唐韶军深入到梅花拳门户对武术拳种内部的"教化"问题进行了研究,展示了武术门户在"生存、生活、生命"三重意义上的教化传习作用。[②]段丽梅对门户内部亲缘互动关系进行了分析[③④]。花家涛看到了"门户"在中国武术社会文化研究中具有分析功能的价值意义[⑤],为门户的理论研究提供了宽阔视野。同样受到这一学术思路影响的学者,也在这一课题中做出了成绩。侯胜川对武术"门户"概念的历史发展进行了分析[⑥],促进了对武术"门户"这一研究对象的概念厘清。他也进行了门户生成的发展研究[⑦],对门户生产机制进行了探索。并且将门户这一武术社会文化实践的具体场域运用于博士

[①] 韩红雨,周嵩山,马敏卿. 传统武术门户准入制度的教育社会学考察[J]. 广州体育学院学报,2013,33(5):50-55.

[②] 唐韶军. 生存·生活·生命:论武术教化三境界[M]. 北京:人民体育出版社,2016:25.

[③] 段丽梅. 武术身体教育之研究[M]. 北京:人民体育出版社,2017:70.

[④] 杨国珍,段丽梅. 亲亲关系之"家"视角下武术门户的文化诠释[J]. 体育与科学,2020,41(2):99-104.

[⑤] 花家涛,戴国斌. 近世以来的社会变迁与武术门户空间再生产[J]. 广西民族大学学报(哲学社会科学版),2020,42(6):83-92.

[⑥] 侯胜川,周红妹. 批判与辩护:武术门户概念的辨析[J]. 上海体育学院学报,2016,40(6):70-78.

[⑦] 侯胜川,赵子建. 武术门户的生成与发展[J]. 上海体育学院学报,2018,42(6):74-81.

论文①的理论架构中,使门户的存在以及功能更加具象化。这些学者的研究成果已经转变了过去对"门户"的消极观念并改变了"师徒传承"的研究视角与方式,看到门户在武术社会文化具有的积极意义,使武术"门户"这一文化现象成为武术研究新的增长点。吕韶钧、武超等人进行了"民间习武者共同体"研究②③④⑤,从习武群体入手对武术传承生态进行研究,与武术门户研究遥相呼应,为武术门户的研究提供新的思路与操作路径。

综上所述,学界对于"武术门户"的研究经历了从消极到积极、从宏观到微观、从静态描述到动态阐释的总体发展过程,促进了该问题研究的纵深发展。前人对武术门户进行了多方位的研究,取得了诸多成就,但对门户的形成问题却一直延续"门户是宗法社会遗存"的惯性思维,形成单一思考模式。这也是门户研究美中不足的地方,也是制约门户研究的一个根本问题。这种思考模式的基本思路是认为门户是宗法社会的结果,门户造成门户之见,必然影响武术发展……产生这种模式化理解的原因是过去对门户的研究多是站在"门户之外"看问题,关注的是门户对其他门户或人的影响。第三方因自身利益无法达到而对一种无处不在的小团体意识的不赞成⑦,造成武术门派的秘

---

① 侯胜川. 门户视野下当代民间武术家的生存状态与发展研究 [D]. 福州:福建师范大学,2017:16.

② 武超,王江鹤,吕韶钧. 论民间习武共同体之生态保护 [J]. 上海体育学院学报,2017,41(6):84-89,94.

③ 武超. "民间习武共同体"作为传统武术保护对象的提出与保护 [J]. 首都体育学院学报,2017,29(3):329-243.

④ 吕韶钧,张维凯. 民间习武共同体的提出及其社会文化基础 [J]. 北京体育大学学报,2013,36(9):4-8.

⑤ 贾广强. 民间习武者的习武身份认同研究——基于临清潭腿(北京)的考察 [D]. 北京:北京体育大学,2015:25.

⑥ 武超. 民间习武共同体的文化生态保护论 [D]. 北京:北京体育大学,2017:30.

⑦ 侯胜川,周红妹. 批判与辩护:武术门户概念的辨析 [J]. 上海体育学院学报,2016,40(6):70-78.

密状态，而造成这种秘密状态的目的，是为了维护"绝技"的手段以维护宗族团体的各种利益①。但是，当我们主动地站到"门户之内"来看问题时，对门户将有不同的认识。可以说"门户之见"的形成乃是门户成员对本门户认同的形成，只有高度的门户认同才会有强烈的门户之见。因此，对门户的研究可以从社会认同的角度对门户成员如何形成门户认同进行切入，从而找出武术门户形成与发展的文化逻辑，突破单一思考模式，更好地认识门户的文化生产，因此具有深入研究的必要。

三、师徒传承研究现状②

对于师徒制的研究，国内外多从师徒双边互动关系展开。国外师徒制的主流研究范式建立在师徒关系基础上，强调工作场所个体间的经验传递③，在研究起点上将师徒关系规范于个体间教学互动，形成了师徒关系认知的基本模式。如 Kram④ 将师徒关系确定为工作场所中师傅帮助徒弟提升个人能力与专业技能的活动。Allen 等⑤ 指出师徒关系是两个个体之间的特殊关系。Johnson⑥ 认为师徒关系是徒弟模仿师傅获

---

① 程大力，刘锐. 关于中国武术继承、改革与发展的思索——由武术门派的渊源成因看武术门派的发展走向[J]. 成都体育学院学报，1998，24（4）：21-25.

② 刘启超，戴国斌，李文鸿. 中国武术师徒制文化传续论[J]. 上海体育学院学报，2021，45（8）：63-72.

③ 王红艳，陈向明. 审视"Mentoring—启导"现象——国内外相关研究综述[J]. 现代教育管理，2010（7）：103-106.

④ Kram K E, Isabella L A. Mentoring alternatives: The role of peer relationships in career development[J]. Academy of Management Journal, 1985, 28（1）：110-132.

⑤ Allen T D, Eby L T. The blackwell handbook of mentoring: A multiple perspectives approach[M]. New York: John Wiley & Sons, 2011: 66.

⑥ Johnson W B. On being a mentor: A guide for higher education faculty[M]. London: Routledge, 2015: 18.

得经验，是两个个体间互动。总体来看，国外师徒制研究为师徒关系提供了一个工厂生产关系模型，师徒互动因此模式化为工厂中师傅指导徒弟从事生产的关系，工作场所的空间特征与做中学的实践特征构成了师徒制最突出的表现形式，同时也决定了这种师徒关系是个体间横向互动模式。综合看来，师徒关系的认知可以概括为两点：一是知识、技能的教学传授；二是个体间的特殊人际关系。[1]这两点成为师徒关系普遍的认知前提，始终是师徒制研究的主流思想。这一范式关注了师徒间的知识转移，为研究师徒技能知识传递提供了思考视角。但是这一模式将师徒关系局限于个体互动的二元结构也存在将研究对象简单化的倾向。因为仅考虑师与徒二人关系，势必会遗漏师徒关系的环境变量产生研究的视野盲区。虽然有学者对此进行修正并提出了发展性网络的概念[2]，将二元视角转变为社会网络分析，增加师徒关系变量，扩大研究范围，并由此产生多条研究脉络[3]，但仍然从参与双方的角度看问题，并未完全突破师徒关系二元结构，也未改变师徒关系横向互动的认知模式，因而具有进一步探讨的空间。与国外师徒制研究相似，国内相关研究普遍显示出二元模式，主要关注师徒"教学互动"问题。例如，职业教育性质的"艺徒制"[4]，行业培训性质的"学徒制"[5]以及工厂、企业中的"师傅传帮带"，教师职业培训的"师徒结对"[6]"带

---

[1] 孔庆新. 从三个领域的师徒关系研究探析"师徒制"[J]. 中国人力资源开发, 2016 (14): 20-27.

[2] Higgins M C, Kram K E. Reconceptualizing mentoring at work: A developmental network perspective[J]. Academy of Management Review, 2001, 26 (2): 264-288.

[3] 郑健壮, 靳雨涵. 师徒制综述：回顾与展望[J]. 高等工程教育研究, 2016 (3): 69-74.

[4] 丁桂莲. 从民谚看中国古代职业教育中的师徒关系[J]. 教育学术月刊, 2012 (6): 91-93.

[5] 关晶. 西方学徒制的历史演变及思考[J]. 华东师范大学学报（教育科学版）, 2010, 28 (1): 81-90.

[6] 袁强. 学校师徒制的价值及其转型：从规约到契约[J]. 教育科学, 2016, 32 (6): 47-50.

教"[①]等。这些师徒制研究关注的均是师徒技能知识转移，将师徒制作为"职业教育"或"岗位培训"方式。这种以双边教学关系定义师徒制，集中关注师徒横向教学互动的研究方式，可以称之为"教学模式论"。

受这种模式化认知影响，武术研究也以"口传心授""私学独授"的教学特征定义武术师徒制。研究普遍认为师父与徒弟是"一对一"的教学互动关系，将师徒制建立在有限人际互动基础上，甚至直接化约为"一师一徒"双边互动关系，思考范围仅限于"教学方式"。对师徒制的讨论也集中在教学层面与"学院制"的差异比较。[②③④]研究的结果是：师徒制教学人数少，有利于深度传承；学院制教学人数多，有利于传播。[⑤⑥]不难看出，虽然"教学方式"能够直观反映师徒教育的外在特点有利于建立基本认知，但也存在着视角单一、难以继续推进的问题。一方面，教学方式的比较研究出发点是试图通过对比异同，找出武术师徒制存在的价值意义，但因视角局限于教学形式，往往陷入传统与现代二元对立的思维陷阱，认为师徒制是传统时代的产物，有意无意形成师徒制"先天不足"的悲观结论。"师徒制"（农业文明）与"学院制"（工业文明）、"师徒制"（支配）与"契约制"（平等）等话语表现出传统与现代对立，且终将被取代的线性逻辑。而处于"教学模式论"视角下的师徒制，则因为教学效率低（口传心授）、教学

[①] 夏正江. 师徒制有效运作的关键要素解析[J]. 外国中小学教育，2018（2）：54-62，37.

[②] 李俊卿. 师徒传承与师生教学在弘扬中华武术文化中的作用比较[J]. 南京体育学院学报（社会科学版），2004（6）：95-97.

[③] 王岗，刘帅兵. 中国武术师徒传承与学院教育的差异性比较[J]. 武汉体育学院学报，2013，47（4）：55-61.

[④] 张昊，李翠含，吕韶钧. 民间武术传承与学院武术教育的冲突与融合[J]. 体育文化导刊，2017（12）：150-154.

[⑤] 李俊卿. 师徒传承与师生教学在弘扬中华武术文化中的作用比较[J]. 南京体育学院学报（社会科学版），2004（6）：95-97.

[⑥] 袁勤. 武术传承方式的现代教学论诠释[J]. 体育与科学，2009，30（4）：38，97-99.

第一章 导论

范围小（一师一徒）、教学周期长的"原罪"成为对比中的绝对弱者，被视作"传统的"/"过去的"传承场域[①]，终将在时代变迁洪流中被取代[②]的悲观结局。另一方面，从教学方式来研究师徒制，对知识转移的研究长久不能突破，也导致武术师徒制研究处于长期停滞与重复研究的状态。可见，单一的"教学方式"视角限制了对武术师徒制的认识，使武术师徒制研究陷入困境。

教学模式论的逻辑路径是将师徒关系简化为双边互动关系，而双边关系窄化了研究视野，束缚学者对研究对象的多维度观察使关注点仅停留在教学层面，忽视师徒关系的多维背景。其实，只要对中国武术师徒关系作历史性考察，便会发现师徒关系存在"多边互动"特点，有更多可观察与阐释的空间。无论是文献记录的历史资料，还是田野调查的经验材料都显示：中国武术师徒并非"教学不广"或"只教一人"的二人双边互动。相反，普遍情况是以师父为中心、诸多弟子相伴左右形成的群体结构。虽然这些群体成员可能不同"班级"（入室弟子/一般弟子）、不同"专业"（专长"拿、化、发"/"踢、打、摔"）、不同"年级"（师兄/师弟）、不同"教材"（通用教材/自编教材）、不同"学制"（学时制/学分制）[③]，但师徒确是形成多层次聚合"一师多徒"的群体形态。在"同门聚族"的群体空间形成以师父为中心的互动网络，每一个体都是网络关系节点向外扩展联系，师父与徒弟、徒弟与徒弟在门户中进行着多边互动交往。

师门以门户技术的串联学习，又将"专学一师"与"游学他师"结合，进行"一徒多师"的多边互动。比如，"李存义教尚云祥，技

[①] 王林，虞定海. 传统武术传承场域嬗变论析[J]. 武汉理工大学学报（社会哲学版），2009，22（6）：149-155.

[②] 李凤成. 从师徒关系到约定契约：武术文化传承机制演变的价值审视[J]. 体育与科学，2017，38（3）：32-37.

[③] 戴国斌. 中国武术的文化生产[M]. 上海：上海人民出版社，2015：96-100.

术定型后，交到门中老辈人手中锤炼。"① 唐维禄送衣钵弟子李仲轩到尚云祥处深造，还监督其学习课程，以"学不到尚云祥的'剑'就等于白来了"② 提醒徒弟学习精髓，从而继承与发展本门技术。即便是"一对一"的教学互动，师父也有多重关系考虑，不仅基于个体"因材施教"，而且为群体发展谋划"因门施教"。孙剑云对弟子刘树春从选材到培养③，贯穿始终的是对师门继承人培养的长远筹划。虽然外在形态上师徒是"一对一"教学互动，但实际上已经进行了群体背景下的多人关系谋划。师门的存在使师徒"为门户计"的历史谋划成为可能。这时的师徒互动就不再是双边关系，而是进行着多边关系联结。由此，师徒从双边关系转入多边关系就产生了一系列新的问题，即对"众人"关系的处理，也增加了分析与阐释空间。如果说"一师多徒"与"一徒多师"是多边关系的横向表现，那么"因门施教"就是多边关系的纵向维度展现，有着历史延续的筹划。师与徒在门户空间中具有了多重关系连接，不仅是师徒二元视角，而且还有门户参与的"第三方"视角。门户为师徒关系设置了空间与时间的双重维度，即横向群体互动与纵向历史互动。师徒不仅要处理教与学的当代关系，还要规划师门延续的世代关系。面对师门网络中的"众人"，师父与徒弟不再如"教学模式论"那样只考虑技术的教学，而在群体空间中，师父需要扮演"管理者"角色组织协调师门延续与发展，徒弟面对群体历史需要担负起继承与延续的责任。因此，武术师徒超越个体间双边关系互动，具有群体参与的多边关系考量。

教学模式论的根本问题在于将武术师徒制仅仅视作一种"技术性"的教学方式，忽视其作为"社会性"传递制度所具有的文化意义。师

---

① 韩瑜口述，徐皓峰，徐骏峰撰文. 武人琴音 [M]. 北京：人民文学出版社，2014：43.

② 李仲轩口述，徐皓峰撰文. 逝去的武林 [M]. 北京：人民文学出版社，2013：62.

③ 童旭东. 孙氏武学研究 [M]. 北京：中国书籍出版社，2008：106.

徒关系归根结底是一种社会关系，需要从社会意义的角度来重新认识。实际上，在民间武术的生存情境中，师徒制的意义并不在于以何种方式教学，而是以何种身份保持并延续师门关系，最终因师承关系缔结与延续实现保存技艺的目的。武术师徒最在意的是代际传承关系以及由此产生的角色使命与任务。"第几代弟子""谁的弟子""师父是谁"等称呼前缀表达的是师门代际身份承续的社会关系，而不是如何教学。反过来说，只有确立了师徒传续关系才会进行"口传心授"，教学固然重要，但前提是师承关系的确立。此处不得不说，在教学模式论影响下学者广泛讨论的在学校中将"师徒制"与"班级制"结合，试图将"私传"与"普教"进行融合的理想化教学模式，成功的案例尚未出现一例。排除教学的具体实施难度问题，根本原因在于师徒传承与学校教育存在意义上的错位，矛盾不在于如何教学，而在于身份关系的意义搭建。师父到学校中教学可以部分解决技术普及问题，但无法解决"弟子"与"学生"的身份关系，学校始终无法替代师徒进行文化身份传递建立师传—徒续的意义纽带。相反，在民间武术传承中却普遍出现了"师徒私授"与"集体教学"共存的情况，师徒制不仅没有因时代变迁被取代，反而结合集体授课的教学方式发展壮大表现出极强的韧性与生命力。这说明，师徒关系并没有被"教学形式"所框定，只要确立师徒身份便可采用灵活的教学方式，并且能够灵活处理学生普及与弟子传承的身份关系与角色使命。这也从反面衬托出师徒制的传承本质，只要有利于传承，教学形式并不能成为限制因素。也就是说，师徒制的本质不是一师一徒的"教学方式"，而是以延续社会关系的方式保育技艺的"传承制度"。

从以上理论与现实问题的分析出发，对于师徒关系便生发出另一种解读路径，即以"代际关系"视角理解师徒传承——师徒在师门代际传递与接续的转换中维系武术社群与技艺的延续，师徒制由此成为一种维系社会延续的文化制度。这种关注社会延续的理解路径可以称之为"文化传续论"。如果说"教学模式论"强调技能知识转移的教学意义,那么"文化传续论"则关注师徒文化身份接力对社群延续的社会意义。教学模式论的不足在于,横向教学互动无法回答武术社会"为什么延续、如何延续"的动力性问题。也就是说,师徒制作为一种"传承的制度"必定要解决纵向传递问题,这是师徒传承的"制度"属性使然。师徒制不仅关乎技术与知识转移,更是对武术社会生态关系的延续,师父与徒弟以及再传弟子所建立的世代关联形成传续谱系是武术活态传承的关键。因此,讨论师徒制还应回到武术传承的制度设计上来,视师徒为武术社会延续"传"与"续"的人力资源链条,师传—徒续的代际接力模式构成了武术传承的社会制度,以此才能更好地认识武术师徒制的存在意义与传承价值。对于师徒制不仅要关注"口传心授"的技能知识教学,还应关注"代代相承"的人力资源延续。从师徒传承的价值来看,正因为代际传递的责任制度才使师门传续不断,师徒世代传续链条的完整保存是中国民间武术传承的核心要素,只要师徒世系不断,技艺传承就不会中断。今天应该研究发掘中国师徒制的社会文化意义,文化传续制度是中国文化传承实践的宝贵历史经验,对文化保护与传承具有重要意义。

第二章　武术民间传承的主体构成[①]

文化遗产最好的保护方式是传承，总结传承实践经验与规律是文化遗产研究的核心要务。就文化遗产的传承主体来看，文化传承研究经历了从个体性"传承人"到群体性"继承人"的视角转变[②]。学者注意到文化遗产的群体保存特性，使"群体传承"进入研究视野[③]。正如邢莉在研究口头非物质文化遗产时所说："以往我们的研究往往仅限于民俗事件本身，把口头非物质文化遗产的传承媒介放在单一的传承者身上，但是口头非物质文化遗产的传承并非个体的行为，而是在社会生活中进行的……口头非物质文化遗产这样的集体记忆产生于群体之中，传承于群体之中，保存于群体之中。"[④]对文化遗产保护"群体性缺失"问题的忧虑则使"群体"作用进一步突出。[⑤][⑥] 群体研究的意义在于强调文化传承"集体保育"特性，从整体上把握传承实践"历

[①] 刘启超，戴国斌，张君贤. 中国武术文化传承的群体实践研究[J]. 天津体育学院学报，2022，37（3）：316-323.

[②] 尹凌，余风. 从传承人到继承人：非物质文化遗产保护的创新思维[J]. 江西社会科学，2008（8）：185-190.

[③] 刘锡诚. 传承与传承人论[J]. 河南教育学院学报（哲学社会科学版），2006，25（5）：24-36.

[④] 邢莉. 谈非物质文化遗产的群体传承与文化精神[J]. 中央民族大学学报（哲学社会科学版），2008，35（3）：89-95.

[⑤] 杨征. 论非物质文化遗产"代表性传承人"保护政策中"群体性"的缺失[J]. 云南社会科学，2014（6）：89-93.

[⑥] 胡俊. 非遗传承人保护中"群体性缺失"问题的调查及对策研究[J]. 遗产与保护研究，2017，2（4）：157-159.

史经验"与"生存智慧",对文化活态传承工作来说既是一种良好的理论分析视角,也具有强烈的实践价值关怀。

门户是武术传承的群体单元。"门户"在武术中指"以某一拳种或某一拳师为核心形成的师徒共同体"[①],是拳种、流派的具体载体[②],武术发展以门户为基础。就传承主体而言,门户可以理解为"传承武术拳种、流派技术的师徒群体单元",由"技术特性"和"群体特性"两部分构成,武术人因群体聚合形成门户,而群体风格又进一步表征门户。因此,门户不仅是一个"技术"概念,关乎拳种、流派技术分异,而且还是一个"群体"概念,因"人"的聚合承载保育武术文化。学界对武术门户的传统认识,集中将门户直接等同于"门户之见"做否定观,以武术普及发展"绩效"为批判武器,视门户"封闭"与"保守"为武术发展障碍,形成不证自明的消极认知。遗憾的是,这种"横眉冷对式"批判研究对门户认知偏向一隅,导致"批判有余,建设不足",门户内在建设意义和传承价值被忽略了。在今天继承优秀传统文化,建设文化自信时代背景下,需要我们放下成见,重新认识与整理门户经验,有必要从武术人群体"当事人"立场观察门户实践,这将有利于认识武术文化传承内在机理,更好理解文化活态传承意义。

从群体传承角度看,门户作为保育文化的群体单位,其生存与发展本身就是文化传承的过程。人类学研究表明,人类群体的形成与发展始终面临两个问题,即"认同"与"区分"[③]。一方面,群体因认同而聚合,认同增强凝聚力而维系集体生存;另一方面,群体在区分他者中确认自我,通过建构群体边界强化区分而标识自我,增加我群认同。不难看出,群体发展的根本问题是"认同"。建立群内认同与建

---

① 戴国斌,陈晓鹰.门户:武术想象的空间[J].上海体育学院学报,2009,33(3):79-81.

② 戴国斌.中国武术的文化生产[M].上海:上海人民出版社,2015:83.

③ 王明珂.羌在汉藏之间[M].北京:中华书局,2008:5.

构群外区分都是维持集体聚合的基本方式，也是群体生存与发展的基本行动策略。武术的传承始终伴随武术人的群体聚合与认同过程，武术人因群体聚合而建立门户，又因群体认同而传承技艺。因此可以说，门户的诞生过程就是武术文化的传承过程。门户成员因认同群体才能义无反顾坚守本门技艺传承不断，也正因群体成员自觉区分他者才使各门户在交流互动中既可以"吸收外来"交流融合，也能够"不忘本来"保持个性独立，形成多元并存的武术文化景观。武术人的群体实践构成了武术传承的行动逻辑。

基此认识，本章以武术人群体聚合单位——门户——为观察对象，对门户"内部认同"与"外部区分"两方面实践行为进行分析，呈现武术文化传承的群体行动逻辑。其中包含对三个问题的求解，即武术门户生成机制为何？武术文化传承内生逻辑（内在动力）为何？武术人如何处理坚守文化家园与吸收外来的矛盾？解答这些问题既是对文化遗产保护现实问题的观照，也是对既有传承理论问题的反思。

第一节　师门支系：师徒传承的集体背景

武术的民间传承以师门支系的延续为基础，其传承行为反映出群体行动逻辑。中国武术师徒关系的建立通常不是个体间的契约订立，而是有着潜在的"集体"背景。[1]梅花拳弟子拜师被称为"拜门"[2]。"拜门"意味师父与徒弟的个体关系被纳入门派群体网络，师父为群体选择与培育新人，所以民间又有师父"代（理）祖师收徒"和"为拳种／师门收徒"之说。拜入师门的弟子以模拟家庭成员身份进入师门网络

---

[1] 刘启超，赵静. 门户·师父·师承：中国武术传承动力研究[J]. 河北体育学院学报，2024，38（4）：88-96.

[2] 韩建中. 武术拜师仪式[J]. 中华武术，1998（6）：40.

形成具有内在关联的群体聚合。由此，武术师徒间不仅是个体教学关系，而且还包括师门参与的集体社会关联。这也决定了由师徒所组建的集体不是松散的群体聚集，而是有一定规范与团结纽带联结的共同体。

一、师徒关系具有集体凝聚性

师徒拟血缘关系产生"家"的认同，使师徒集体具有凝聚性。将家庭的伦理换算为群体关系规则是师徒群体特殊的组织方式，既有行政管理的手段，也有家庭亲情的凝聚，表现出"家族"成员亲情纽带的凝聚心态。师徒"通过对伦理准则的认同而自愿结合起来，形成了一张充满人情味的人伦网络。即使入门者是位他乡别土的异姓客，只要进了门，入了谱，都能在这个'大家庭'中找到自己的角色位置，而不会显得孤单寂寥，从而产生一种让人难以摆脱的归属感。"①师门关系网络不仅提供了群体认同与归属的情感联结，而且还因伦理秩序的存在维持群体团结。沧州劈挂拳传人对师门的要求体现了群体的存在以及共同体团结的规范。"我教的徒弟，最起码这些人要搞好团结，咱们这是一股力量，但并不是反动力量，大家一有问题，都互相帮助，拜完师后，师徒关系近了，师兄弟关系也同样近了。"（2021年7月27日，河北沧州，劈挂拳第七代传人，WZH先生）"井然有序，方为一门。"②师门群体形成秩序清晰的人伦关系网，师父、师伯、师叔、师兄、师弟等以"师父"为中心形成类亲缘关系网络，把群体团结起来。进入关系网络的个体与其他人建立联系形成新的社会关系，个体具有了师门集体的社会身份。这种伦理辈分使个体在群体的社会交往有章可循，敬称礼貌的亲属称谓是群体社会互动运行的基础，长幼有序的伦理规范实现群体和谐维护群体团结。

---

① 周伟良. 师徒论——传统武术的一个文化现象诠释[J]. 北京体育大学学报, 2004, 27 (5)：583-588.

② 韩瑜口述. 徐皓峰，徐骏峰撰文. 武人琴音[M]. 北京：人民文学出版社, 2014：8.

基于模拟家庭的亲情认同,师徒群体形成伦理规范维护群体凝聚性。"伦理规范是群体对个体行为的要求、命令、约束、控制和管辖。"①在家庭中形成的伦理规范协调群体内部关系。尚云祥收李仲轩为徒,考虑年龄与辈分不能乱是顾及群体秩序的维系,师徒在关系缔结时存在着群体背景。"当时尚云祥年事已高,所收的徒弟都有徒孙了,传承已有两三代,而李仲轩当时还未到二十岁。对于唐维禄的请求,尚云祥说,收徒可以,但李仲轩将来不要再收徒弟,否则我这门的年龄与辈分就乱了。"②师父收徒并非来者不拒,而是要充分考虑集体运行的秩序,考虑群体团结基础的稳固。沧州太祖拳传承中也同样如此。"当初我给老师磕头之前的那几年不愿收我的原因,一是老师的年龄大了;另一个是我与他徒弟的年龄也差距太大了。因为出去介绍的时候,师兄弟明明是年龄差距很大,但是你要喊师兄,他喊你师弟,他就会很不高兴。这个是师父和我明说过的,因为收你为徒,会与其他五六十岁的徒弟成为同代人,他们会不乐意。人家说,老师您都这么大岁数了,再收一个小的关门徒弟,和我们一代人,就有些不合适了。老师在收徒弟的时候,他会考虑到自己前面徒弟的这个因素。"(2020年8月17日,河北沧州,太祖拳第十代传人,MZ先生)

以家庭伦理的等级关系维护群体秩序。"凡属少林宗派,宜至诚亲爱,如兄弟手足之相互救助,互相砥砺,违此者,既以反教论罚之。"③在梅花拳的《五要》中有门内弟子"要兄友弟恭,谦虚忍让"。④以家庭的兄弟手足关系规范成员关系维系群体秩序。家庭伦理的约束力维

---

① 李泽厚. 伦理学补注 [J]. 探索与争鸣, 2016 (9): 4-13.

② 李仲轩口述. 徐皓峰撰文. 逝去的武林 [M]. 北京: 人民文学出版社, 2013: 236.

③ 尊我斋主人. 少林拳术秘诀 [M]. 太原: 山西科学技术出版社, 2009: 103-104.

④ 赵景磊. 梅花拳传承中的身份认同研究 [D]. 上海: 上海体育学院, 2018: 69.

护团结保障群体的凝聚，使师徒群体关系形成紧密联系的集体。薛颠与同门傅昌荣的比武，因尚云祥以家庭关系的伦理劝阻而平息。尚云祥说："咱们师兄弟，比不上亲兄弟，总是比叔伯兄弟要亲吧，怎么能斗命呢？"①同样，年轻气盛的李仲轩想找同门师叔薛颠比武时，被师父唐维禄以家庭关系的规范制止。"薛颠是你的师叔，找他比武，别人会笑咱们的。他是在风头上为咱们挣名声的人，要懂得维护他。"②既制止了师门群体的动乱，家庭不和睦的"比武"成为"别人笑话"，体现彼此存有的集体意识。也通过这种方式维护师门"挣名声的人"，在师徒的言语间将集体存在感教给弟子，明确师门群体的集体秩序。

二、师徒关系具有集体约束性

中国武术师徒紧密嵌入群体网络，个体与群体利益相连，群体对个体负有管理责任。一方面，个体自觉遵守集体约束表现出集体内控力。个体在集体框架下生存对集体负责，集体与个体利益相连，规范个体的行为，个体对师门的负责形成自律心态。在师徒交往过程中始终都有一个"集体"背景存在，通过技艺进行联系的集体关系。另一方面，集体对个体负有管理责任。群体作为个体对外交往的单位归属，个体荣辱关乎集体利益，师门群体需要对个体担负责任。师父代表群体对作为个体的徒弟负责，有责任对徒弟进行管教。徒弟入门将身份转化为师门关系，师父具有"教师"与"父亲"双重责任，徒弟行为失范，师父负有不可推卸责任——既有"师之惰"的教学责任，更有"父之过"的管教责任。而"一荣俱荣，一损俱损"的社会连带关系使个体行为关联师门利益，在这样的究责体系下，师徒与整个师门群体紧密相关。师承关系是其中的责任主线，追责到师父影响到师门群体发展。如"闫

---

① 李仲轩口述．徐皓峰撰文．逝去的武林 [M]．北京：人民文学出版社，2013：256．

② 李仲轩口述．徐皓峰撰文．逝去的武林 [M]．北京：人民文学出版社，2013：246-253．

芳事件"曝光，社会舆论矛头指向其师李经梧以及师门群体，李经梧诸弟子为了维护师门形象，大师兄代表"师父"向社会澄清事实，公开声明以"开除师门"的方式对闫芳予以惩罚。如此，这不仅是师徒间教学关系，而且涉及群体自治问题。

师门对个体行为的责任管理发挥出师门组织的社会管理功能。因此，师父收徒为慎重起见会进行集体商议，有时可能因为意见不同而出现争论。笔者在山西祁县实地调查时，听闻一位传承人拜师的波折颇具典型。"其人好斗，武术基础技能较强，而且身体素质强健，'战斗能力'在当地小有名气。师父在收徒时难免顾虑徒弟心性以及有可能给师门带来的后果，所以师父与由入室弟子组成的'考察团'进行商议。拜师者被隔离在侧屋等待结果，这一过程居然持续了一整个上午，隔着墙壁能听到多人争论。拜师者一上午坐立不安，心情忐忑，心中多次产生放弃的念头。"可以想见，在是否接受这名徒弟的事情上，师门内部观点并不统一，师徒讨论过程也是师门群体集体参与的过程，在"与谁为伍"的集体决策过程中进行着一次利益相关的决定。这也反映出师门共同体命运相连，荣辱与共并具有集体意识的团体组织。无独有偶，戴氏心意拳第六代传承人在收徒时也会同徒弟商量，可以看到师徒群体的集体约束性。"为啥要出现商量，徒弟同意不同意这个事呢，就是说你收一个人你得对他负责任。我们形成了一个共同体。他能不能坚持练？他练着练着挂着一个名了，不练了，（共同体）丢不丢人？不光是丢你师父的人，我们这些师兄弟跟上你这个师父，我们也跟着丢人。"（2018年8月9日，山西祁县，戴氏心意拳第六代传承人，WY先生）可见，收徒的集体决策，既是徒弟们"与谁为伍"集体认同的反映，事关门户共同体的建设；也是"技艺"中心与"武德"中心的集体权衡，事关门户文化传续的导向。

延续师门支系是民间传承的集体诉求。"把我这一支传下去"是民间传承中最普遍的话语。对此，师父以收徒为本门延续添丁续嗣，以授艺为门户群体的发展而培育新人。故有师父"代（理）祖师收徒"和"为拳种/师门收徒"之说。无论师父还是徒弟，其行为在师门中都存在着一种集体约束性，正是这种集体约束性才使得师徒关系呈现出一种处处为群体着想的互动形态，师徒因此有了延续师门支系的集体责任，对武术传承有着特殊意义。

总之，无论师父还是徒弟，其行为在师门中都存在着一种集体约束性，正是这种集体约束性才使得师徒关系呈现出一种处处有群体参与的互动形态，师徒因此有了延续师门支系的集体责任，对武术传承有着特殊意义。

第二节　身份认同：门户传承的行动逻辑

一、内向认同：非亲而亲的关系连接

钱穆先生在讨论中国文化深层精神结构时强调"家族"的根基作用。"'家族'是中国文化的一个最主要的柱石，我们几乎可以说，中国文化，全部都从家族观念上筑起，先有家族观念乃有人道观念，先有人道观念乃有其他的一切。"[①] "人道观念"是指"在家族中形成的情感与道德观念"。具体表现为"孝悌"情感与行为规范，包括横向交往的"悌"爱与纵向互动的"孝"义。家族在中国社会的根基性在于将这种由家庭生发的"人道观念"泛化作用于社会交往，在组织与观念两个层面转化为人际互动的行为图式。在组织层面表现为"家"的扩大[②]，将家族的原初关系泛化到家族以外的社群，模拟亲缘互动建立

---

① 钱穆.中国文化史导论[M].北京：九州出版社，2011：48.
② 杨国枢.中国人的心理与行为：本土化研究[M].北京：中国人民大学出版社，2004：132.

组织认同；在观念层面表现为因家族关系与情感认同生成保存文化的历史责任感与使命感，成为保育文化的"生存性智慧"①。"家族"不仅提供了一套群体组织方案，而且配套生成一种世代延续的文化观念，这套群体组织模式与传续责任观念成为中国文化传承的制度性保障，也是中国社会文化延续的根基。"门户根植于中国传统文化中，是中国传统的家族文化在武术界具有独特的表现形式。"②武术门户作为一个群体组织，建立群体认同是其生存与运行的基本前提。武术门户在"外在形态确立、中层关系连结、内在责任关联"三方面完成"建家"实践，以模拟亲缘关系的方式与关联成员建立"关系型情感认同"，因缔结关系而产生认同情感与传承责任感，发展为集体传承的实践模式。

（一）师徒父子的情感认同模式

门户"家"之建设首要完成的是家庭基本关系确立，即"师徒如父子"关系的建立。武术社会中师徒关系是最基本的人际关系，师徒关系的确立需要经过仪式化认证。"只有通过正式的拜师仪式后，才算形成了严格意义上的师徒关系。""只有拜师入门后才算正式传人而能列入门谱，否则永远是门外学生。"③武术人的拜师仪式完成了"门里门外"身份转换，由仪式区隔开的身份门槛，不仅标明师徒教学关系的建立，而且还预示缔结深层的亲缘关联。太祖拳传人说："拜师后关系就不一样了。（师徒）关系就会更亲更近……我知道老师为人是什么样，他会知道我为人是什么样，所以会有感情在里面。"（2020年8月17日，河北沧州，太祖拳第十代传人，MZ先生）拜师仪式确立的"师徒名分"是师门技艺馈赠与继承的合法性依据，徒弟进入师门意味着"自家人"

---

① 邓正来."生存性智慧"与中国发展研究论纲[J].中国农业大学学报（社会科学版），2010，27（4）：5-19.

② 戴国斌.武术：身体的文化[M].北京：人民体育出版社，2011：139-140.

③ 周伟良.师徒论——传统武术的一个文化现象诠释[J].北京体育大学学报，2004，27（5）：583-588.

的身份转换，师徒从此不再是"非亲非故"的陌生人，而因传习本门技艺搭建长久的社会互动关系，形成"一个徒弟半个儿"的亲缘情感联系。

"收费的是学员，免费的是徒弟"①，这样师徒默认的关系规则显示师徒关系的情感属性。"门里门外"的身份与距离以是否属于经济互动关系得以标识出来。由此，师徒拒绝以物质层面的利益交换判断彼此关系，取而代之的是精神层面的情感连接。师父处处关爱徒弟，徒弟时时感念师恩，彼此生发"互以对方为重"②的情谊，正因为有这样超脱物质层面的精神性因素存在，才使得师徒凝聚以"情义"为根本形成与"父子"相同构的伦理关系，因情而有义，情益亲，义益重。因此，师徒关系与父子伦理同构，与其说是以父子伦理约束师徒，毋宁说以亲缘情感牵挂彼此，温情厚谊黏合师徒关系。

武术社会"师徒如父子"的关系模式不仅表现出师徒亲如父子的情感联系，而且还象征父子纵向延续的代际关联，潜藏父子志业相承的文化理想。"父"与"子"不仅是生物意义上的血脉绵延，而且类化为志业一脉相承的文化接续。"骨肉相亲"与"志业相承"隐喻血缘亲情转化为志业承继的"孝道"规范③。因此，"师徒如父子"折射出师徒关系"子承父业"的文化传续期待。收徒那一刻，师父便寄予徒弟成为门户未来"传人"的期望，师徒关系的缔结在根本上是文化传承的使命接续。正如传统技艺行业拜师意义在于责任的传达。师父收下门帖担负起"传道、授业、解惑"的重大责任，徒弟通过拜入师门宣示传承技艺的神圣使命。"磕下的是头，担起的是责任。""师父掏出戒尺，对新收的徒弟从头到脚敲击三下，每一下各有寓意。敲

---

① 侯胜川. 门户视野下当代民间武术家的生存状态与发展研究——以香店拳传承人为例[D]. 福州：福建师范大学，2017：99.

② 梁漱溟. 中国文化要义[M]. 上海：上海人民出版社，2011：87.

③ 黄俊杰. 中国人的宇宙观[M]. 合肥：黄山书社，2011：143.

在头上，告诫徒弟头脑清醒；敲在肩膀上，鼓励勇挑重担；敲在身侧，则要徒弟做事有尺有度。"①所以"择徒"是严肃、慎重的事情。谨慎筛选门户"承继者"，事关技艺延续大计，而得到传人则有"后继有人"的欣慰。对此，沧州太祖拳传人对其拜师后经历的表述，较为生动地呈现了弟子拜师入门后对师门延续的直接作用。"拜师后师父带我见更多的东西，介绍各个门派、拳种的前辈，会互相认识。没有拜师的时候，我是没有机会跟老师出去的。见面就是去交流，我这一门派有了后代的传承人，需要去和他们（师父）这一代其他门派的人交流。让各个门派的人承认你，认识你。就是不能让人家说：'他们这一门派后面没人了。'"（2020年8月17日，河北沧州，太祖拳第十代传人，MZ先生）形意拳宗师姬际可收曹继武为徒，常对门内弟子说："此吾颜回也！吾年老矣，有志为逮，继吾后者，惟此人耳！"李政收戴龙邦为徒后发出自己少时怀才不遇，老时久欲择人授之，终得父子以传技的感慨。②无论是姬际可得"颜回"以"继后"的欣慰，还是李政得遇良才"父子传技"的释然，都体现师父对弟子接续志业的美好愿景。这里师父对徒弟没有人身依附的权力支配，只有得志业承继之"子"的珍爱与疼惜。师徒在技艺传习中植入伦理情感，以"父子情谊"的亲缘情感维护传承。总之，武术师徒因传习技艺缔结关系，又因情感认同而传续技艺，师徒由"非亲"变成"亲人"结合为文化传续共同体保障技艺延续不断。

（二）非亲而亲的关系连接方式

中国社会普遍存在的"宗法伦理"对家族延续与秩序维持具有重要作用。张载认为："宗法不立，既死遂族散，其家不传。宗法若立，

---

① 徐语鸿，严明. 师徒，一半规矩一半路[J]. 中华手工，2019（2）：42-45.

② 陈双. 形意拳的身体与灵魂：一项惯习研究[D]. 上海：上海体育学院，2017：23.

则人人各知来处，朝廷大有所益。"① 以明确的人伦关系将个体紧密嵌入宗法网络，使家族成员在伦理秩序中"知来处"，明确身份归属，"明礼法"确立行为规范，群体关系的规范保持了群体的有序运行，对于家族群体的长久维系发挥着基础性功能。

家族社会"长幼有序""内外有别"的差序结构使伦理辈分成为社会互动的"前置"认同基础。在武术门户的关系网络中，个体可以根据"辈分"快速建立身份认同并扮演角色融入群体。例如梅花拳组织内部传拳辈分具有重要实践意义。"整个梅坛是按辈分为纽带，把天南地北千万拳民紧紧联合在一起，弟子见面一说辈分就知道该如何称呼……练习梅花拳的人无论到了哪个地方，也不论是否相识，只要遇到本组织的人，当地弟子便以客相待，亲如手足。"② "辈分"是群体成员认同与互动连接的身份依据。一方面，辈分如一条纽带将"天南地北"的群体成员关联起来。辈分如门户关系网络的身份代码，每个成员都可以利用辈分在门户谱系中找到自己以及他人的位置，尽管互不认识，但"一说辈分就知道如何称呼"。而以拳派辈分为依据进行"找礼"③，将与辈分相称的礼仪作为互动准则，则进一步促进门户成员扮演各自角色，从而保持群体秩序。另一方面，辈分是群体延续的制度性设计，为群体续接提供身份依据。群体根据辈分进行关系推演获得身份归属，为后来者提前规划设置群体身份，在群内互动中既"知来处"也"明去向"，保持群体秩序稳定延续。

门内"辈分"的亲属称呼，缩短了人际交往最初因身份不明造成的磨合过程，个体可以没有任何障碍迅速理解群体身份并产生角色认同。龚茂富先生对传统武术门派进行田野调查时切身体验到门内称呼

---

① 张载. 张载集[M]. 北京：中华书局，1978：259.

② 唐韶军，戴国斌. 梅花拳何以成为"义和拳运动"的主导力量[J]. 民俗研究，2013（6）：107-114.

③ 张士闪. 从梅花桩拳派看义和拳运动中的民俗因素[J]. 民俗研究，1994（4）：54-62，67.

的意义:"何道君的一些徒弟亲切地叫我'师叔',他们年龄与我相仿,让我感觉有些不自在……回头想想,这正是民间武术文化的重要组成部分。在民间武术中,这种泛家族主义建构了拟血缘的师徒关系,消除了局外人所带来的隔阂。"[1] 辈分代表了一种以家族为背景的亲密关系,在门户关系网络中建立起一种亲属情感认同,解除社会身份区隔带来的陌生感。亲属关系实践促进门内个体情感融入,由"陌生人"变成"自己人"形成"不是社会伦理身份却似社会伦理身份"[2]的"非亲而亲"关系连接。也由此,辈分承担道德与情感双重承诺是一种"社会交换期望甚低"[3]的亲情联系,使门户成员共享集体情感增强凝聚力。

门户关系缔结带来的情感连结使"关系的流动"成为可能。门户成员共享"家庭"关系凝聚亲情,师兄弟间的关爱以及师友间的社会资本传递,因师父与其他门户建立关系而传递给徒弟产生"关系"流动。门户内部,师父可以将徒弟送至同门师伯、师姑处学习深造,师门长辈因关系与情感认同对门内子侄进行指点,门户社会关系网络泛化受益于每一个体;门户外部,徒弟可以共享师父建立的社会关系网络,将关系流向整个武术社会实现社会的整体互动。"唐传形意与燕青门交好,这个情谊是李存义定下的。"[4] 李存义与燕青门交好建立形意门与燕青门的友好关系,双方弟子互称师兄弟建立关系网络,促进技艺交流。可见,门户并非"大门紧闭"的封闭保守状态,而是进行着扩大化的社会互动,门户成员藉着关系纽带在群内与群外建立连接交流互动。"关系"的流动成为门户动态发展基础,也是武术社会和谐交

---

[1] 龚茂富. 中国民间武术生存现状及传播方式研究 [M]. 北京:人民体育出版社,2012:48.

[2] 杨宜音. "自己人":信任建构过程的个案研究 [J]. 社会学研究,1999(2):38-52.

[3] 杨国枢. 中国人的心理与行为:本土化研究 [M]. 北京:中国人民大学出版社,2004:144.

[4] 李仲轩口述. 徐皓峰撰文. 逝去的武林 [M]. 北京:人民文学出版社,2013:64.

流的互动基础，武术技艺因此具有了流动的潜能。

（三）世代相传的历史责任制度

门户代际传递关系是连接成员的另一条情感纽带。师承关系形成历史联系，在横向联系之外增加了纵向关系补充。正如周伟良先生所言："出于一种文化认同而自愿凝聚的模拟血缘关系，它既有血缘式的情感牵萦，又有在认同基础上世代相延的传承自觉。传统武术那令人钦羡的生命力，就是这种文化传承的结果。"[①] 师徒传承既是情感关系的缔结，也是文化传承责任的传递。其责任首先是师生双方的。"经历了拜师仪式的师徒，师父说在仪式上忽然觉得责任大了，心头像压了一块石头那样重，徒弟走到哪儿心就跟着走到哪儿；徒弟说在仪式上就下决心更认真地练拳"[②]。其次，其责任传递最为直接地表现在要像师父那样练并传续下去。沧州太祖拳传人说："我觉得既然你学了这个东西……不是说就比那个学生和老师的关系更近，你需要去继承他的这个意志……因为他也是练了一辈子的人。"（2018年8月17日，河北沧州，太祖拳第十代传人，MZ先生）可见，门户代际传递是以师父练一辈子、徒弟接着再练一辈子而表征其世代相传，并以家文化"子承父业"传统、师徒"文化接力"的内在责任而深化"一个徒弟半个儿"的类亲缘情感联系。

门户内部因历史关联形成集体继承责任制度。"第几代传人"所指代的代际身份，标识群体成员具有代际"承上启下"的历史责任。尊重前辈世代创造与积累的工作，接受遗产、珍惜并传递给下一代是门户成员的历史责任。这是传统技艺传承的情感与道德纽带，凝聚着对祖业"代代相传"的延续责任与崇高使命。寻找接班人延续技艺是中国社会绵延子嗣、后继有人的传承愿望表达。对于传技授艺的师父

[①] 周伟良. 传统武术训练理论论绎 [D]. 上海：上海体育学院，2000：30.
[②] 王巾轩. 师徒制下的武术文化传承 [D]. 北京：北京体育大学，2012：40.

来说，其使命表现为对"传承人"的培育接引。正如戴氏心意拳的传承人说："我这一代传人收下徒弟，完成我的使命。我作为第六代传承人，我有责任担当，我要选好第七代传人。我的徒弟，就是选第八代传人。"（2018年8月2日，山西祁县，戴氏心意拳第六代传人，CJF先生）而因"后继无人"表现出的焦虑与自责又是文化传承责任感的突出反映。民间武术传承者口中"祖辈的好东西不能在我这一代断了"的问责与自答，常出现在调研者耳边。如通臂拳传承人说："老祖宗留下来的东西（武术），不能就这样失传了，一定要传下去，否则我们都是历史的罪人。"八卦掌传承人说："八卦掌到我这一代正好是第四传第五代，算起来几百年的历史了，应该将它传承下去，否则对不起师父，对不起师祖啊！"[①]门户代际传递如同一条看不见的责任关系纽带，将师门群体联系起来成为"文化接力"的连续体。师与徒在世代传承"链条"中，将个体的"我"与群体的"我们"相结合而扩张生命意义。正是在这样世系不断的群体传递中使得门户技艺持续发展，并且因集体认同将技艺推向纵深发展。

总之，门户提供了武术人社会交往的亲情环境，搭建群体认同的情感连接。门户关系认同与情感凝聚如同一条锁链将成员连为一体，保障了武术的集体传承。门户之"家"的意义在于"关系型情感认同"的建立，即由关系缔结的情感互动而产生心理认同。门户建家实践将成员关系"家族化"，建立情感认同，从师徒到师门，再到世代谱系，逐步深入将个体紧密连接于群体空间。由社会关系缔结而产生认同形成群体身份感与归属感，将传承的责任与使命内化，维系技艺集体传承。

二、外向区分：他者参照的身份定位

中国"家族"文化为门户建设提供了静态条件，而作为一个社会

[①] 王智慧. 传统惯性与时代整合：武术传承人的生存态势与文化传承[J]. 上海体育学院学报，2015，39（5）：71-76，94.

单元，如何在动态交互环境中运作是考察门户形成的另一重要向度。由此，讨论"群际关系"的社会认同理论可为分析武术群体动态实践提供参考。20世纪70年代末，由Tajfel和Turner等人提出的社会认同理论，在"我是谁""我属于谁"的追问中，将目光聚焦认同产生的群体关系背景，揭示了群际行为的内在心理机制[①]。社会认同理论强调认同对群体的区隔功能[②]，在"我者"与"他者"的比较区分中明确自我，强化认同。一方面，分类认知形成身份范畴化，识别"我—他"而明确"自我"获得我群认同；另一方面，为保持我群认同而加强群体边界建构，凸显"自我"以区分"他者"。从社会认同角度看，门户通过"群际互动"以"异质化区分、对立化比较、在体化表征"的方式构建群体边界，持续生产集体认同。武术门户以差异化生存而"相异"，又以互为参照借鉴而"相生"，发展出坚守个性与交流创新共存的"互生型区分技术"，看似保守的门户壁垒实则孕育着创新发展的基因。

（一）群体身份的异质化区分

对"异质性"的突出与强调是人类认识世界的基本方式，群体关系认知亦不例外。1985年Turner提出自我归类理论，认为人们会自动地将事物分门别类；因此在将他人分类时会自动地区分内群体和外群体。当人们进行分类时会将自我也纳入这一类别中，将符合群体的特征赋予自我，这就是一个自我定型的过程[③]。群体进行自我认同首先需要进行分类，通过识别"我—他"关系，以便于采取灵活的行动策略。因此，从"外部区隔"的表征来看，门户的"排他性"特征，可视为群体进行自我认同而主动划分边界区分"非我"的"异质化"策略行为。

---

① 张莹瑞，佐斌. 社会认同理论及其发展[J]. 心理科学进展，2006，14（3）：475-480.

② 吴莹. 文化、群体与认同：社会心理学的视角[M]. 北京：社会科学文献出版社，2016：7.

③ 张莹瑞，佐斌. 社会认同理论及其发展[J]. 心理科学进展，2006，14（3）：475-480.

群体的异质化区分行动，主要体现在社会关系区分和技术差异建构两方面。

社会关系的隐性边界与礼貌实践。武术人群体互动以支系、师门为单位，采用合适的距离保持和谐关系。"我的师门、我们支系"等代词宣示群体身份形成心理凝聚的"空间场所"①。具有分类意义的"社会称呼"是群体身份的仪式操演，建构起区分他者的隐性边界，体现门户"分门别类"的基本属性。以山西戴氏心意拳为例，在祁县地区戴魁（戴氏心意拳第四代传人）师门形成多个支系，"鲁村高陞祯一系，贾令岳蕴忠一系，晓义田久元一系，城内段锡福一系，温曲马二牛一系，北堡王映海、王步昌一系……"②支系的分类属性是群体互动认知的基础，也为建立认同、区分彼此提供了依据。后代弟子将不同师门作为身份区分的依据，"我们（传承的）是……一支、他们（传承的）是……一支"（2018年8月5日，山西祁县，戴氏心意拳第六代传人，WY先生）。表达了师门传承脉络下的关系区分，在群体互动中设置了彼此交往的社会边界。群体间的隐性边界在互动实践中具体表现为支系传承人之间维持很好的"距离关系"，保持一种带着"客气"的"亲密关系"，谨慎拿捏互动的"分寸"。彼此以师兄弟相称，事事言语均不违师说、不污同门，说话总以"之前老师、师兄/师弟说的是对的……""我说的与其他师兄弟不矛盾，只是个人理解不同……"（2018年8月5日，山西祁县，戴氏心意拳第六代传人，WY先生）等句式开头，初见时给人以"怕得罪人""怕担责任"的印象，然而事实上，这对维护师门团结，保持门户和谐具有极为重要的实践意义。武术人交往互动表现出的"谦逊"姿态形成承认差异的礼貌实践，以"我"的主动隐匿与礼貌性退让保持"距离关系"，彼此留有"空间"维系

---

① [美]保罗·康纳顿. 社会如何记忆[M]. 纳日碧力戈, 译. 上海：上海人民出版社，2000：67.

② 王毅. 戴氏心意拳功理秘技[M]. 北京：北京科学技术出版社，2017：9.

◎ 武术民间传承的社会机制——以师徒门户传承为考察视角

了群体共存的基本条件。"距离关系"如戈夫曼所言"前台"与"后台"的共谋关系，观众与演员彼此配合维系区域行为保持"礼貌"[①]形成共同支撑的关系场域。无论各支系在"台后"技术风格如何不同，在"台前"则认可承认对方，以"师父教的不同，可以相互学习"（2018年8月4日，山西祁县，戴氏心意拳第六代传人，WY先生）的指导思想上演门户团结的和谐戏剧，彼此心照不宣，互不纠纷。

同时，"距离"的保持也是主动"间隔"彼此的方式。"礼貌"与"客气"的互动行为是主动设置距离区分人群的暗语。距离将彼此间隔开，明确差异的存在。虽有"同出一门"的亲密关系，但也暗守各自界限，拿捏分寸。而心理距离的自觉保持正是基于我群认同而建立群体边界表现。支系间关系的保持有赖于对彼此技术差异的承认（虽然本质上差异不大），各支系因"礼貌实践"保持弹性的"距离关系"，正是默认"同出一门，各有不同"的边界划分才保证了各支系、门户间的和平共处，呈现出有"门户"而无"门户之争"的多元并存样态。这也是武术人群体互动"和而不同"的生存智慧体现。

技术生产的差异建构。门户内部为武术技术"完美打造"提供想象的空间[②]，而门户外部交流互动则直接催动技术体系"特色化建设"。林伯原认为，近代武术在城市汇聚"推动了武术门派的分化和发展，中国近代许多拳械流派的形成以及新拳种的产生都与这一时期武术家入城有关"[③]。武术家群体移动与交流形成武术发展聚集效应，各流派在交流过程中既要吸收众人所长增强自身门户竞争力，也要有标识特色不被同化的"自处意识"。多流派技术交流与竞争客观上促进了门

[①] [美]欧文·戈夫曼. 日常生活中的自我呈现[M]. 冯钢, 译. 北京：北京大学出版社, 2008: 93-120.

[②] 戴国斌, 陈晓鹰. 门户：武术想象的空间[J]. 上海体育学院学报, 2009, 33（3）: 79-81.

[③] 林伯原. 中国近代以前武术家向城市移动及对武术流派分化的影响[J]. 体育文史, 1996（3）: 14-16.

户技术的风格发展，门户通过"标新立异"的技术生产标定自我与区分他者，彼此参照促进拳种技术创新发展。如太极拳传统器械原来只有十三枪（杆）和十三刀。流派出现后，陈、杨、武、孙、吴各式太极刀、枪、剑、棍，相继问世。由一长（枪）一短（刀）、一种锻炼套路，发展为两长（枪、棍）、两短（刀、剑）和多种锻炼套路[①]。各门户在交流中不断增补完善，丰富技术体系。在交流互动中，个性的保持始终是门户生存的根基。"1928年，陈发科应邀到北京教拳，当时北京太极拳市场主要以杨家为主，许禹生先生主持欢迎宴会于河南会馆。陈发科即席演练陈氏太极拳二路炮锤，一招'金刚捣碓'，沉气震脚，大厅铺地方砖为之断裂。举座皆惊，今日方睹陈家太极拳风采！许禹生的好友杨季子有诗赞曰：都门太极旧尊杨，迟缓柔和擅胜场。不意陈君标异帜，缠丝劲势特刚强。"[②]陈发科表演的二路炮锤势大力沉，"特刚强"震撼效果与杨式太极拳"迟缓柔和"形成强烈对比。这种惊艳的出场方式，以"迥异风格"留给观众极为深刻的印象，使陈式太极拳快速获得了杨式太极拳主要市场以外的生存空间，技术的个性化成为门户生存资本，在技术交流互动中保持竞争优势。

值得玩味的是，陈发科演练的太极拳技术不仅因"标异帜"开辟了陈式太极拳发展市场，而且也因"易区分"带来的传播优势成为形塑本门技艺的标识。一方面，陈发科太极拳的"特色技术"因强大的差异性在陈式太极拳门户内部产生区分而被称为"新架"参与门户技术塑造；另一方面，这种易于区分的"标识性"技术因具有传播优势而成为门户对外展示的界碑，因而"后来居上"发展为定型传统陈式太极拳的"正宗拳谱"[③]。由此一例，可观门户在内外环境影响下技术

[①] 吴文翰. 谈太极拳的流派 [J]. 武术健身，1989（2）：24.

[②] 鲁鸿德. 陈发科北上教拳与"沟外人才群"的兴起 [J]. 少林与太极，2004（4）：46.

[③] 马虹. 陈长兴正宗拳架真传——一代宗师陈照奎的重大贡献 [J]. 武林，2004，24（7）：6-9.

演进分化的形塑过程。门户技术的"差异化"发展,既有自身技术生产的内部进化,也有外部推动下群体彼此参照的择优发展。群体互动区分促进了门户的主动"标异",也为武术技术创新发展提供了契机。

(二)相异相生的对立化比较

在进行基本的"我/他"分类后,为凸显"我群"价值与意义,门户在"对立比较"中通过"夸大差异"的方式选择性建构技术形成武术多元特色发展。"对立比较"既是一种认知方式也是一种认同策略。一方面,对比异同是人类认知的普遍方式,对立化比较可更好地发现差异建立认知。武术门户在对比别家中确认自我,突出异己边界。"尚云祥传给韩伯言的形意,转身特殊,韩伯言说:'咱们的拳,一个回式把八卦掌都练了……别家的劈拳身上直楞,一劈再劈,咱们是劈转,一劈就转,再劈再转。'通过教转身,教授回旋要点,这是尚云祥的教法,其他派系不这么教。"[①] 在认知过程中,以对立面存在的"别家"是反衬"我们"的一面镜子,为更好地认知自我服务。即便在师出同门的情况下,不同武术者也会在技术中细分差异,凸显本门标识,从而建构我群认同。"我师兄教的徒弟'束身'非常好,而我教出来的徒弟束展是分明的。我第一考虑就是从技术的层面,只有束展分明才能产生强大的爆发力。其他师父也讲束展分明,但是能不能做到像我这样从外形能看得出来。"(2018年8月6日,山西祁县,戴氏心意拳第六代传人,WY先生)另一方面,对立比较形成"夸大差异"的内群偏私。"群体间的比较通过积极区分原则,使个体获得积极的自我评价需求。群际互动时,我们倾向于在特定的维度上夸大群体间的差异,而对群体内成员给予更积极的评价。这样就产生了不对称的群体评价和行为,偏向于自己所属的群体,即从认知、情感和行为上认同所属的

---

① 韩瑜口述. 徐皓峰,徐骏峰撰文. 武人琴音[M]. 北京:人民文学出版社,2014:107-108.

第二章 武术民间传承的主体构成

群体。"①

以武术内、外家为例，内家的发展必定对应于外家进行差异化建构。其一，在对立中才能展示出自己的意义。自我与他者是互为界定关系，没有作为参照对象的"他者"存在则无法映照自我意义。如黄百家在介绍内家拳法时，将"外家"作为比较对象，区分外家就是内家存在的意义基础。此时外家成为映照内家意义的镜子，因为有"外"，所以与之对立的"内"则具有存在的天然依据。或者说，为了标榜不同而划分异己为"外"，自己为"内"，实为一种区分比较的文化政治手段。作为外家代表的"少林"成为内家标定价值的参照对象。"得其一二，已足胜少林。"②此对立比较话语俨然成为突出内家拳法价值的竞争宣传标语。其二，在确立内家拳的身份后，内家针对外家的种种问题进行"纠偏"，标榜自己风格特色，进一步扩大差异凸显存在价值。黄宗羲《王征南墓志铭》中写道："少林以拳勇名天下，然主于搏人，人亦得而乘之。有所谓内家者，以静制动，犯者应手即仆，故别少林为外家。"《宁波府志·张松溪传》中写道："盖拳勇之术有二：一为外家，一为内家。外家则少林为盛，其法主搏于人，而跳踉奋跃。或失之疎，故往往得为人所乘。""内家则松溪之传为正，其法主于御敌，非遇困厄则不发，发则所当必靡，无隙可乘，故内家之术尤为善。"内家正是为突出自己价值而指出具有武林至高地位的少林拳法因"主于搏人"而存在"人易乘之"的问题。因此，内家的出现首先就要在战斗策略上"优化设计"，以"主于御敌"为出发点，通过"以静制动""后发制人"方式实现战斗艺术更新。辩证地看，这种"无隙可乘"的战术部署看似"精当"，却又难免成为偏颇一方。

---

① 张莹瑞，佐斌. 社会认同理论及其发展 [J]. 心理科学进展，2006，14（3）：475-480.

② 马力. 中国古典武学秘籍录（下卷）[M]. 北京：人民体育出版社，2005：234.

因为任何攻守都在此消彼长情境中不断变化，绝对主攻和绝对主守都过于绝对。暂且不论内家的高深技术能否实现，至少透过内、外家争论的背后可以发现，各门户的差异建构实是群体为生存价值辩护进行的"权力游戏"，通过选择性框定突出自我优势，以"夸大差异"的主动区分设置群体边界。当然，不能否认其中存在的积极意义，对立比较的区分模式为技术突破提供了想象素材，成为武术技术发展的重要推动力，由此建构出了互为异质、多姿多彩的武术世界。

进一步看，以往大多数人接受"少林拳为外家代表，太极拳为内家代表，外内截然两分"的观点，究其实质也只是划分门户的一种主观方式，而非泾渭分明的拳种技术差异。正如松田隆智所述："一般，人们都把太极拳和少林拳看成是完全不同的两种拳法。实际上，这两种拳在基本姿势和手法、腿法等技击方面是完全相同的。"[①]卞人杰在1936年出版的《国技概论》中指出："三丰之技，实亦本于少林，清黄百家《内家拳法》云：'自外家至少林，其术精矣；张三丰既精于少林，复从而翻之，是名内家。'百家得内家之嫡传，其言当翔实可信。"[②]"三丰之技，实本于少林"只是"复从而翻之"的结果告诉我们，这两种拳法不是技术完全不同，而最多可能是技术风格的差异化转变。这种通过"反其道而行之"的"夸大"差异是内群偏私的表现，具有选择性建构性质是对自我价值的彰显。

比较形成了二元对立结果，通过对立化比较凸显自我价值，在否定他者过程中体现自我意义。二元对立特征表现出一个门户的产生与发展必然要针对一个"假想敌"或"否定目标"，在否定他人"不足"与肯定自己价值基础上，找到自我存在的合法性依据而赋予生存合理

---

① [日]松田隆智.中国武术史略[M].吕彦，阎海，译.成都：四川科学技术出版社，1986：88.

② 卞人杰.国技概论[M].太原：山西科学技术出版社，2011：7.

性意义。"我会的这些他不会"①"我家……手法好，能打人……别的门都不如我们……不管用，抅手就倒"②"我家"与"别门"的对立比较，以别门"抅手就倒"的否定突出"我家"的价值意义。而武术门户正宗之争，也正是藉正宗之名压制"非正宗"的"敌人"以确立自己存在合法性与权威性的表现。正如姜容樵指出："主其事者，都是用主观的眼光，提倡自己一门的武术，哪怕就是一师传授，总要把别人的骂倒了，以我的做标准。"③"骂倒别人"乃是为"以我做标准"服务，争的是正统权力，为的是抬高自我存在价值。明代郑若曾在《江南经略》中记载了"天员"与"月空"二人因军事领导权发生的争执也可作此注脚。"天员道：'吾乃真少林也，尔有何所长？而欲出吾上乎？'"或许以军事领导权争夺可以更清晰地反映二元模式的政治博弈，正宗"少林"之争，实是对"话语权""领导权"的争夺。"正宗"意味着权力合法性即领导权基础，"正宗"乃是"存在价值"暗示。对立比较形成的竞争博弈在分类的同时附加价值判断，以污名对方的方式获得生存权利。这种基于认知的"对立比较"也是门户之见的滥觞。门户对立在认知自我的同时易于形成对"异己"的刻板印象，设定群体边界，排抑对方，这是群体互动普遍存在的问题，而如何形成"和而不同"的文化价值以增加沟通是门户发展的必然之路，唯有如此，门户才能突破封闭与保守的屏障而实现良性发展。

"相异相生"的互鉴共生形态。门户对立比较并非一味的对立与隔阂，还有互为"激发"的共生关系。"学形意，便要当成至高无上，看到别的拳好，反而更能发现形意的好。'噢！形意还能那样，以前忽略了。'——吸取不是学，是激发。练不好形意，也不可能取长补短。否则看到他人好，想吸取也吸取不进来，反而把自己搞乱了。思维吸

---

① 重远. 如何能除祛国术家们的病 [J]. 求是月刊，1935，1（1）：16.
② 金警钟. 实验之谈 [J]. 求是月刊，1936（10）：333.
③ 姜容樵. 提倡国术怎样才能普及全民 [J]. 求是月刊，1935，1（3）：81.

取不了东西，功夫练到位，一看他人的好，当场警醒：'还有个没练好的地方'，一警醒，便吸取了。博采众家之长，其实还是这一拳。"①在"相异"中取长补短，"激发"对自我的认识，使互为异质的门户技术有了交换流通的可能性。首先，交换的前提是异质性，只有互为差异才有交换与流通的势能。"先练好自己的"是技术交换的前提，否则"看到他人好，想吸取也吸取不进来"。其次，坚守门户技术积累了交换筹码，只有提升自我价值才能与其他技术交换。没有门户自身技术的坚守，就无法进行技艺有效交流与吸收，更无法进行创新与发展。只有以门户技术的"至高无上"为前提，才能"看到别的拳好，反而更能发现自己的好"。最后，吸收他人，不忘自己。博采众家之长后"还是这一拳"。门户因异质性提供了技艺交流转化的可能成为创新的基础。互为"激发"是门户交流互动"偶然中的必然"，正因为各门户的技术"相异"，才促发了武术新技术的"相生"，是一种竞合共存的关系。武术技术在相异的区分中有相合的生成性，因相异而相生，形成互生型的区分技术。可见，武术门户广受诟病的封闭保守，也许只是硬币的一面，另一面则是开放交流的起点。在武术技术生产与流通的链条上，门户保守与开放并存，"保守"制造的差异性成为门户技术"开放"交流的前提。一代代武术人在"你中有我，我中有你"的互鉴共生中传承与创新门户技艺，使武术技术更新升级生命长青。

戚继光在《纪效新书·拳经捷要篇》中云："古今拳家……名势各有所称，而实大同小异。""大同小异"的技术差异是武术门户技术"相异相生"发展常态。在同中建构异，在异中互为借鉴孕育新发展。"同"与"异"形成互为相生的动力源泉。以武林四大拳法关系看，如果说太极拳以"后发制人"的"以静制动"战术原则解决少林拳"主于搏人"带来的"人易乘之"问题，标新立异称誉拳坛；那么形意拳

---

① 韩瑜口述. 徐皓峰，徐骏峰撰文. 武人琴音 [M]. 北京：人民文学出版社，2014：177-178.

则以"进亦进,退亦进"①战术原则,协调"动静""攻守"矛盾,以"攻取之中含守,防守之中有攻"②的技术设计统合少林与太极而纵横武林;而八卦掌发明"走为上"的"以动取胜"③战术,又以对太极拳"主于御敌"的"后发制人"原则,造成"久守无胜理"④技术问题的反动成为武林新魁。各门户对"进攻先后""进攻方式""攻防转换"等技术问题的处理,相似的是"基本姿势、步法、手法",相异的是攻防"战略部署"。各拳种在拳理上互为补益,"济其不及,以泄其过",在"温故知新"的损益扬弃中不断完善攻防技术体系。门户因差异而生,又因融合差异多元共生而形成"同中有异"的相异相生技术。与"外家"区分而产生"内家",在内家之内又以"攻防兼备"形成"刚柔相济、动静相间"的"合一",因而在晚清时,太极拳、形意拳、八卦掌可以被统称为"内家拳"形成合流。孙禄堂综合形意、太极、八卦三家技艺创生出"三派合一"的孙氏太极拳。同样,八卦掌内部流派借鉴形意拳技术形成程派八卦掌,吸收罗汉拳技术形成尹派八卦掌⑤等。"攻防理念"创新正是看待门户对武术继承与发展的核心内涵。武术技术在相异的区分中有相合的"生成性",因相异而相生,一代代武术人在"你中有我,我中有你"的互鉴共生中传承与创新门户技艺,使武术技术更新升级、生命长青。武术文化的传承不是原始的复制移动,而是在多种拳种互动交流中既有衰减又有增量的选择性传承。

---

① 姜容樵. 形意母拳(1930年世界书局影印版)[M]. 北京:中国书店,1984:13.

② 姜容樵. 形意母拳(1930年世界书局影印版)[M]. 北京:中国书店,1984:14.

③ 张全亮. 八卦掌实战技法暨珍贵武林档案[M]. 重庆:重庆出版社,2010:277-278.

④ 张全亮. 八卦掌实战技法暨珍贵武林档案[M]. 重庆:重庆出版社,2010:278.

⑤ 刘永椿. 八卦掌的流派特点[J]. 武林,1985(12):15-16.

（三）群体边界的在体化表征

武术技术风格是门户的表征，门户"身心一统"的在体化塑造将"集体规范"内化于门户成员，集体共有的技术符号成为表征门户的标识。武术中"八卦脚、太极腰、八极肘、通臂手"等技术风格突出强调了技术之于身体的塑造。在动作特征上，太极拳"十三式"、八极拳"六大开""八大招"、通背拳"五形掌""三十六散招"、形意拳"五形拳"[①]等身体技术的强调，因身体外在形态而强化门户边界区分。这种因技术追求不同而形成的门户风格，不仅形成拳种流派技术表征，而且进一步塑造门户成员独特心理—行为系统成为门户特色表现。如"形意拳讲究硬打硬上，敢打敢冲，勇往直前，不惧任何阻拦，是迎着矛盾上。八卦掌是根本不跟你正面交锋，一上来就绕到你的背后，从背后打你。太极拳则是避实就虚，矛盾到你身上就马上化解出去，不能在自己身上起作用"。[②] 门户知识的身心塑造成为群体身份的标识，并在群体互动时激活特定的文化身份区分彼此。"在同一派别里很容易通过动作风格辨认出师承关系。有的拳师在传承过程中会对一些技术动作做特殊的标记，只要是同门弟子就能一眼识别出这些标记，从而确立彼此的关系。"[③] 身体成为群体刻写的媒介。群体对个体身体的标记使个体具有了集体编码意义，成为集体化的个人，在群体互动中具有标识与区分意义。

门户成员对集体价值主动靠近并主动塑造群内价值形成群体风格。尚派形意拳因尚云祥对"刚劲"的追求而形成门户成员的集体价值追求，重视刚劲的"尚门传统"成为门户的表征。"尚派形意拳最显见的特点，

[①] 张全亮. 天下武术是一家——从八卦太极参练说起[J]. 武魂，1998（2）：22—23.

[②] 远卫. 练拳如同修碉堡——牛胜先谈拳艺[J]. 武林，2001（1）：14-15.

[③] 杨大卫. 身体实践与文化秩序：对太极拳作为文化现象的身体人类学考察[M]. 北京：光明日报出版社，2013：108.

是在动作和发劲上既迅猛又刚实。因而同侪们说:'练不出迅猛刚实的爆发劲来,就不能说是刚劲练到了。'尚云祥先生年过古稀时还说:'我再有三十年阳寿,就再打它三十年刚劲。'……因为形意拳发劲制敌的基础是讲'硬打硬进无遮拦'的……先生虽已步入柔化的高超境地,仍在充实自身发劲的真本钱,不断苦练刚劲。教人也是这样,因之形成发劲迅猛刚实的尚派形意拳风格。尽管有些门人已经掌握并善于运用属于暗(柔)劲精华沾身纵力的翻浪劲,也仍然练刚劲,时而找找柔、化之劲,只要这样做,就感到相得益彰。因之,这已成为尚派门中的风尚,不这样就好像不过瘾,不这样也不长劲。"① 门户技艺的特色追求成为具有代表性的象征符号增强群体认同聚焦点,也明确群体区分边界。由"知识"与"技术"构成的身心特点形成门户成员"身份感"成为区分群体的边界与标识。戴氏心意拳也表现出技术的集体特征。"功法特点上,我们这一支的最大特点就是,连续性地爆发快打快进。还有就是步法运用,心意拳的步法运用是其他门里的弱势。我师父更被称为'心意门里两虎将',他的步法练得相当好。有一种步法叫'狗扑步',也是那九种步法之一。狗跑的速度快。当时我拜师的时候,老爷子已经75岁了,两米远的距离,眼睛都没反应过来,他就把我打开了。他的这种个人特点,导致了我们都是有这种特点在身上。我师兄的步法也是很快,这就是我们这一支系的特点。这也是我们区别于其他支系的最大特点,也是最大风格。"(2018年8月9日,山西祁县,戴氏心意拳第六代传人,WY先生)

由于身体技术与心理特点形塑,每个门户成员都是门户技术特异化生产"流动的传播媒介"。集体知识在个体身上的刻写,使个体成为集体知识流动的媒介。门户技艺与个体融为一体终生携带,发展为

---

① 李文彬,尚芝蓉. 尚派形意拳械抉微:第一辑[M]. 北京:人民体育出版社,2005:17-18.

不仅"得到师父的东西"而且"形成自己的东西"①的高效传承。戴氏心意拳传人说："师父在平时教学的时候，已经根据个人特点把这些特点都融进去了，所以会形成不同的风格。因为你掌握到一定层面的时候，你会形成自己独特的学术观点和风格，我就认为这样更高效、快捷地把我的技术传承下去"（2018年8月9日，山西祁县，戴氏心意拳第六代传人，WY先生）。而个体对技艺的不同发挥又促进新的技术风格形成。例如，同为八卦掌，因"技术带头人"风格不一而形成门户分化。张占魁因兼习形意、八卦的技术背景，故能融合二者创立"张派八卦掌"，即"形意八卦掌"，并以此形成独立训练体系，"形意八卦掌的套路编排都是按八个卦象，模仿八种飞禽走兽的形象，运用八卦掌的步法、身法、掌法和左右旋转的练法，设定八卦掌套路。"②同为八卦掌弟子的史计栋，因"注重腿法"并形成以"练腿、用腿为核心"的训练内容，以及"刁钻贼快，踢无不中"③技术要求而"自成一家"，被称为"史派八卦掌"。以团体价值与个体身心结合的教育模式，不仅传承门户文化，而且也因个体专长进行创新发展，促进门户技术更新升级。总之，武术门户知识"内化于心，外化于行"的身心纹刻使个体成为"门户的人"，携带门户基因成为门户文化继承者与传播者，既标识着门户的群体边界，也进行交流融合促进门户技术更新发展。

　　门户群体通过社会行动，强化群体记忆，不断建构与生产本群体的风格，以及再生产群体的认同。门户成员在集体生活中，对门内共识性知识的习得，内化为自身知识与经验，通过不断言说与记忆来进行知识的传递与传承。门户成员对祖师的崇拜、对门内生活的实践、对门内技术、审美价值的遵守，通过这些特定的社会行为，一方面，

---

① 戴国斌. 中国武术的文化生产[M]. 上海：上海人民出版社，2015：96.
② 张全亮. 八卦掌实战技法暨珍贵武林档案[M]. 重庆：重庆出版社，2010：10.
③ 张全亮. 八卦掌实战技法暨珍贵武林档案[M]. 重庆：重庆出版社，2010：8.

强化自身的群体认同和记忆，生产和再生产门户的风格与特征；另一方面，这些具有标识性的行为也不断强化"我群"与"他群"的区别，强化自我群体的认同与凝聚力。如果说门户进行的技术分化与区分是"硬件"不同的话，那么门户内部形成的独特的身心惯习则成为门户区分的"软件"。门户的"硬件"与"软件"共同构成了武术人群体实践的结果，同时也得益于此的存在使武术再生产不断进行发展传承。以"区分他者与强化自我"的方式，建构出了社会认同的群体边界，形成门户个体对群体的归属感。在内外共同作用下，形成了门户成员的紧密认同关系，也成为门户文化的生产场所。成员在门户中的长久学习形成特殊的身心习惯以及特殊的技术身体，带着门户印记的身体成为传承门户技术的流动媒介。门户中不断言说与记忆的技术与经验知识是门户成员数十年如一日的进阶追求，也是门户内部知识传承的核心方式，同时成为了门户内部保存纯洁与外部进行区隔的主要方式。在门户内外知识封闭与开放中，门户成员要处理"温故"与"知新"的矛盾，既要熟知、专精门内知识发展新知，也要"游学他师"博观门外技术，博通多家技术，丰富自身体系，促进门户武术发展。

第三节 武术群体传承的理性实践

门户是武术人进行文化传承的理性实践方式。门户的形成是群体内部认同与外部区分两方面因素共同作用的结果。门户内部建立情感认同，以"家"之建设维系成员关系，坚守门户、传承文化遗产；门户外部建立交流区分，处理武术文化遗产损益扬弃完成技术更新升级。门户在"人力资源发展"与"集体技艺更新"两方面为文化遗产继承与创新提供了实现途径。从某种意义上说，武术文化传承的历史就是武术人合理处理门户内外运作规律的历史，展现了武术人群体传承的灵活性与策略性并存的理性实践智慧。

一、建立群体认同，保障人力资源可持续发展动力

技艺传承者是武术延续的根基，武术门户的核心任务是对技艺传承人力资源的保存与发展。

其一，门户认同产生群体传承的聚合效应，积累人力资源优势，促进武术保存与发展。门户通过"非亲而亲"的社会关系运作吸纳成员将"陌生人"变成"自家人"，不断再生产门户人口。社会关系连接群体成员，每个成员都是保存技艺的载体，门户成员的集体参与保证了武术传承的人口基数。

其二，群体归属意识保持门户传承人力资源质量。门户身份使群体成员对本门技艺具有产权意识，从而产生继承责任感与传承使命感。技艺是群体共有的资产，每个人都是资产的持有者，也是守护者，守卫门户技艺，积极推动传承。

其三，门户社会关系的世代传续产生历史意识。门户社会关系不会因为一代人生物生命的逝去而结束，而是存在一个连续性的世代关联维系群体延续。由历史意识产生的传承责任感保障技艺持续传承。

总之，武术门户建立的群体关系纽带保障了武术传承的人力资源发展，促进了武术的可持续发展。群体认同保障传承人口数量维系群体延续，对武术传承具有保育作用；群体归属增加武术传承人延续技艺的历史责任感，保障武术传承的人力资源质量，为武术传续提供持续动力。

二、参与群体互动，保障集体技艺的更新发展活力

门户通过群体互动实现集体技术在继承基础上的创新发展。一方面，技艺在群体内部流通，群体保存发展技术，守护文化家园。"各门拳种技艺在传承内部代代传授，代代总结，使各门的拳理功法在这

基础上不断向纵深发展。"①群体利用门户技术标识自我，区分他者促进门户技术的个性化发展与传承。正因能够在各门户技术间清楚、灵活地区分他者，才能形成"我们的文化"，获得群体归属与身份认同延续传承。另一方面，群体技术风格对外交流促进技术更新发展。门户在对比中区分彼此，又在相互参照中激发创新技术。"相异相生"的互动交流形成多样化技术，既是武术人建构身份认同的方式，也是武术传承与创新发展的驱动力。

当代武术传承的理论与实践研究或多或少存在着一种"行政者立场"，以基因调控的增殖"传播"替代自然遗传的原生"传承"，在统一管理、快速推广、广泛传播的行政思维下，重视外力推动，忽视内生力量，如此往往陷入误区，造成理论探讨与实际效用的对接障碍。长期以来，反对门户成为言说武术传承不容置疑的知识，门户因"封闭、保守"被妖魔化，与之相对的"开放、交流（创新）"话语当然成为绝对普世价值。但是实际情境中却存在适用有限性问题，作为理论上抽象出来的普遍价值带有形而上的认知性质和有其"条件"限制性。仅以"统一真理"来指导普遍实践往往会出现隔靴搔痒，适用有限的问题，最后形成"真理"只能停留在口号上的尴尬局面。而不加辩证，不顾实际地理解"开放"与"交流"，不是流为空谈，便是陷入教条，对实践行动均无益处。因此，强调开放与交流必须有限制性条件为前提。从武术群体传承实践来看，武术技术的开放与交流一定要以个性独立为前提。没有坚守文化个性的"开放"与"交流"必将消解文化特殊性；没有保存自我风格的"创新"终将是无源之水。武术门户固然有封闭与保守的一面，但如果没有这些门户相对封闭的传承，恐怕不会有今天武术"源流有序，脉络清晰"的拳种繁盛；如果没有门户坚守文化阵地的自觉，恐怕也不会产生"自成体系，风格各异"的多彩武术世界。

---

① 周伟良．师徒论——传统武术的一个文化现象诠释[J]．北京体育大学学报，2004，27（5）：583-588．

◎ 武术民间传承的社会机制——以师徒门户传承为考察视角

门户是维系武术活态存续的生态土壤。在没有非遗保护、政府扶持、学校推广等外力推动时，是门户保育着武术的生存与接续，正是一个个门户的"内部保留节目"发展与延续，才组成武术整体绚烂多姿的生命形态，即使在今天，门户在民间武术的传承中仍然发挥着凝聚群体、保存文化、守护传承的社会价值，门户延续技艺的"人力资源"链条对于维系武术社会生态仍然具有不可替代的作用。一味地反对门户就是漠视武术的社会生存基础，更为负面的影响是极易形成固化思维，造成对武术社会性生存的认知盲区。事实上，门户始终存在于民间，只是民间多以"师门""支系"称之。由于对门户的否定性评判，不仅民间武术人以"师门"替代"门户"以避嫌，就是专业研究者也有意回避，视而不见，知而不言，似乎武术中不曾有此现象，如此自然也看不到武术门户对技艺的群体保存作用。这种近乎"话语禁区"的研究方式，造成了对武术门户的"认知霸权"，于学术知识推进与认知思维解放均有极大危害。

此外，门户被刻板印象定义的封闭与保守也并非绝对真空，门户有排斥外物的封闭性，但也有吸收外物以激发自我成长的开放性与灵活性。在门户实际运作中，看似封闭的门户实则进行开放、扩大的社会性连接以整合个体，从而实现普遍性的社会关联，门户开放交流中也有坚守"文化家园"基础上的创新。门户参与群体互动进行开放交流，只是这些交流的前提是对本群的文化认同，即门户内一群人对自身文化的坚守基础上的创新发展。因此，门户并非完全保守与封闭，"保守"与"封闭"只是群体生存的灵活性"策略表现"而不是刻板僵硬的"目的结果"。持平而论，任何门户的生存都不会是绝对的"封闭"与"开放"，因为那样无异于"自绝门户"。单方面强调"封闭"无论是对技术发展，还是对群体延续都存在限制；一味强调"开放"又容易走向泛化，失去自我。门户的封闭与开放都是武术人在生存需求下进行的策略选择，有着主体行动的理性实践特色。门户的"封闭"与"排外"反映的是人类群体运作的普遍规律，是群体实践的自然行为，无需刻意遮掩，避而不谈；也无需夸大"门户之见"的消极面，来极力回避。对于武术传承中的门户认知，真正有意义的不是停留在门户是非的评判，而是看到其实际行动所具有的传承价值。因此，门户不能简单地用"封闭"与"保守"一概言之，武术人群体行为兼具"封闭保守"与"开放创新"的实践特色，武术门户的形成既有内部认同聚合，也有外部差异区分，二者都是群体生存的策略行为，构成武术文化特殊的"选择性传承"机制。此为武术文化发展的辩证法，也是武术传承的根本驱动力。总之，武术传承研究应有"为传承者代言"的意识，探讨武术传承应从"行政者立场"转变为"传承者立场"，以辩证的眼光看待武术门户及其传承实践，只有这样才能真正理解武术人传承行为逻辑，从而更好地探索武术文化传承模式。

第四节　本章小结

武术的传承活动是一种集体继承行为，探讨武术传承应具有"群体视角"，重视群体对文化的保育作用。武术传承不仅仅是"技术"培训与"拳种"推广，也不是一两个官方认定的"非遗传承人"的个别行为，传承应是"群体继承人"的集体实践，是群体行动的"总和"。武术传承的逻辑就是武术人群体行动逻辑，群体的行动塑造了技艺的传承与发展。群体认同与区分是文化传承的语法，是武术传承的动力与活力所在。门户为武术人提供了群体认同的单位与行动的集体依据，成为分析群体传承的具体单元。武术人以门户为单位守护存续文化，交流互动发展技艺，创造性解决"坚守文化家园"与"开放吸收外来"的现实矛盾使武术文化传承生生不息。由此，武术传承的群体实践可为中华优秀传统文化活态传承提供经验借鉴，这具有理论价值与现实意义。

当然，在看到武术门户传承积极意义的同时，还应警惕过分突出群体区分造成的隔阂与冲突。武术门户需要灵活处理内部与外部的沟通与交流，建立共同语言与平台打通彼此沟通渠道。各门户之间应以共同促进武术技术的良性发展为根本方向。正如周伟良先生所言："消除彼此文化心理隔阂，对传统拳种具体拳理技法的发展是传统武术发展的最后归着点。"[①] 比较乐观的是，今天武术民间传承对学校武术人才的吸收使门户呈现开放与包容的新局面。一方面，知识通用化，有利于打破门户间隔阂。具有规范化武术理论基础的武术人才进入门户，将门户技艺与现代体育知识相结合，实现传统知识与现代知识的转化与融合，增加门户技艺知识的通用表达使门户间得以交流与互动，增进相互理解有利于消除文化隔阂；另一方面，关系多元化，有利于打破门户封闭状态。学校学生与门户弟子的双重身份，使门户人际关系增加包容性成为门户对外开放与交流的基础，由多重身份带来的认知视角的交叉，促进了门户对自身以及对他人的认知，扩大门户间的对话基础促进武术门户的互为借鉴与融合创新。因此，随着武术的发展，武术门户朝着研习拳理相互交流的良性方向发展，门户越来越成为以拳理研习为中心的技艺传承单位，而武术人传承技艺的群体互动也将得到越来越多的尊重与认可。

---

① 周伟良. 师徒论——传统武术的一个文化现象诠释[J]. 北京体育大学学报，2004，27（5）：583-588.

第三章　武术民间传承的基本运作

师徒在门户情境中生成的"传递"与"接续"责任感与使命感，构成武术师徒关系的"传续"个性，展现武术师徒传承的社会逻辑。"师徒传续"是武术民间传承的基础运作模式，也是武术生命延续的基本方式。师徒文化接力完成了门户再生产，维系着武术社会的延续。

第一节　传续目标的设立

武术师徒组成的门户组织维系着武术文化产品的生产，延续师门支系是民间传承的基本目标，"把我这一支传下去"是民间传承中最普遍的话语。师父在门户组织中扮演管理者角色，对组织发展起到了维护与延续的作用。师父集合"守护者、组织者、引导者"的"三位一体"管理角色对门户成员进行"人才选拔、组织培养、责任传递"的组织管理，不仅要"领徒弟进门"，还要"教徒弟传下去"。因此，师父的角色使命是为延续师门做出积极的历史谋划。师父在组织"传"与"承"两端积极谋划保障门户成员对技艺的顺利"接续"。师徒传续始于收徒之时，师父以"接得上、守得住、传得下"作为考察点。"接得上"是天资，"守得住"是恒心毅力，"传得下"是传承潜力。武术传续严格筛选和择优录取的运作机制，既保持其门户技术持续发展，也为武术门户"代有才人出"提供前提条件。

一、师徒之家的守护者

师父是拳种技艺的守护者,对技艺的坚守使群体因技艺聚合成"家",对技艺的护持是维系群体之"家"的延续与发展。师父对技艺的传接负责,成员"准入"是首要工作,扮演着师门"把关人"角色。择徒是对潜在传人的选择,事关群体延续与支系繁盛,不得不慎。关于"择徒"可以从"为何择徒?""择何样徒?""为谁择徒?"三个问题展开。

(一)为何择徒

中国武术师徒制区别于行业性学徒制非常重要的一点,在于不以盈利为目的的"非职业"属性。中国传统社会中,武术师徒教育基本以"非职业性质"为主流。这种"非职业性质"主要指武术教育的"非谋生"特点,即中国武术师与徒并非"谋生"的技术售卖关系。而这种"非谋生性"决定了武术师徒相授的动力有着经济之外的文化传续因素。

1. 师不鬻技

师父不以售卖拳艺为主要谋生手段。鬻技向来被武术师者不取。黄宗羲在《王征南墓志铭》中,对王征南的高洁品格作了概述后叹赏:"有技如斯,而不一施。终不鬻技,其志可悲!"[1]孙式武学传人孙剑云终身不以教拳谋生。"三年困难时期,在生活拮据的情况下,孙剑云也没有靠教拳挣钱。依旧秉承道传有缘者,教拳不收费的家风。孙剑云一度卖血度日,即使在这种情况下,依旧教拳不收费。"[2]在今天,"不以授拳为业,习拳仅为自娱。"[3]仍是许多民间习武者的生活常态,授拳也多是拳师谋生主业之外的业余工作。当然,社会中也有以教拳

---

[1] 周伟良. 师徒论——传统武术的一个文化现象诠释[J]. 北京体育大学学报, 2004, 27(5): 583-588.

[2] 童旭东. 中国武学之道[M]. 北京:中国文联出版社, 2012: 185.

[3] 钟振山, 崔志光. 李逊之拳技二三事[J]. 中华武术, 2004(11): 34.

为生的职业武师存在，但在维系学生与徒弟之间的关系上也往往会区别对待。"收费是学员，免费的是徒弟"①这一原则在武术社会中普遍存在。这里的重点不在是否收费的问题，而在于师父区别对待授拳对象，暗含价值使命的不同。师徒关系反对以学习费用对技艺价值作"有价"评估，而是强调师徒建立在传承纽带意义上的"无价"恪守。

2. 择徒而授

非职业特性还体现为武术师徒"贵乎择人"的"高淘汰率"特点。择徒行为本身就表现出武术师徒并非经济交换的技术买卖关系。不同于"来者即是客，顾客即上帝"的商品交易，中国传统武术师父始终强调对徒弟的严格把关，从各种择徒要求中可以看到，武术"艺不轻传，法不乱讲"的历史情形，对徒弟的筛选具有"高淘汰率"特点。这种"高淘汰率"的择徒方式，也体现出师徒收徒的根本目的是传续文化，否则也无必要大费周章强调"贵乎择人"。中国武术的师徒传承始终有两大主题，即"师徒私授"与"中兴光大"的矛盾。"师徒私授"的小规模传递呈"秘密状态"②的线性传递、世系传承毕竟人口发展有限。③但"中兴光大"师门技术又是所有师徒所竭力奉行的发展动力与信念，希望本门技艺在自己或自己徒弟时代发展壮大的期待始终是师徒追求的目标。整合这一矛盾的方法就是"择徒"，择徒的目的在于实现"中兴光大"的愿望，对徒弟的选择寄托的是潜在"传人"的期待。既要保证拳艺发展"世系传递"不断，又要促进发展"中兴"，在"道德"与"技术"两方面的"贵乎择人"是中和这两个矛盾的方式。因此，

---

① 侯胜川. 门户视野下当代民间武术家的生存状态与发展研究——以香店拳传承人为例[D]. 福州：福建师范大学，2017：99.

② 程大力. 武术门派流派形成直接与宗法社会结构有关[J]. 搏击·武术科学，2007，4（7）：1-3，5.

③ 需要注意的是，这里的"单线"是指传而不是教。师父也会教众多弟子，而"传人"只有一个，即领袖必定以单线方式传递。以此来看，武术单线传承并没有什么问题。而因为没有理清"教"与"传"的关系造成的认识误区与刻板印象是学界对于武术师徒制与班级制争论的焦点处。

从"择徒"的文化需求来看，武术师徒关系绝非简单的技术转让关系，不可以商品交易观之。

3. 传拳为本

不同于其他行业师徒培训后的上岗谋生，中国武术徒弟"学成出师"主要任务不是"商业经营"而是传承武学。当然，徒弟艺成后开门授徒也如同"挂牌营业"，但与纯粹的商业经销不同，武术弟子担负着经营与传承师门"艺业"的责任，所营之"业"不同造就了"师父"与"拳匠""棍棒教师"的文化品质区别。师父对弟子的评价也在于是否能够将技艺传承下去。沧州八极拳第八代传人常玉刚先生认为，弟子与学生不同就在于是否担负传承技艺的责任。"学生呢，我没有什么责任，因为他不是我的衣钵传人，他的行为和我没有关系，但是弟子呢，我的责任就相对大一点，学生这种责任就相对小一点。"而作为师父的"衣钵传人"最重要责任就是成为"传拳的人，把这种文化一代一代能传承下去"。（2020年8月15日，河北沧州，八极拳第八代传人，CYG先生）这种潜在的"传拳的人"往往习武动机单纯，学成出师后"传拳"可能性也更大。所以，对师父来说这是择徒的重要参考选项。"我认为这样的人就可靠，因为他不是单纯为了利益，他为了继承武术、继承一种文化而去习武，我觉得这种人就是可塑之材。他现在也跟我学了有近10年的时间了，这10年来他是坚持练功，而且在石家庄义务地办了（武馆），他个人把自己的房装备起来，义务地教授、传授孩子。为当地的武术发展做了很大的贡献。我想这样的人就是品德高尚，同时真心实意地喜欢武术，我就努力地把他教好。"（2020年8月15日，于河北沧州，八极拳第八代传人，CYG先生）可以看出，传统武术人对以技术作商品"牟利"持否定态度，学拳后是出于传承责任"传拳"，还是为牟利而"售拳"，则是对习拳者"武德"的考评点。

总的来看，师徒关系建立在传承基础之上，师父对徒弟的选材环节进行把控，为培养未来传人做准备。师父择徒的标准是以能否"传拳"为依据，武术师徒教授在经济之外有着"延续技艺，光大师门"的文化责任。

（二）择何样徒

武术具有的格斗属性，直接关乎人身安全而具有特殊性，择徒不可不慎。"逢蒙杀羿"的故事始终是武术师徒不可承受的生存焦虑，更悲哀的是师父承受弟子叛师的损失，还要担上"择徒不慎"自作自受的责任，所以人们以"逢蒙杀羿"规训徒弟时，也以"羿也有过"来警示师父择人的重要性。然而，在基本的生存道德与伦理层面考察后，"择何样徒"还有更深层次的文化需要，师父的"贵乎择人"潜藏着一层害怕"中落"的危机意识，而"择优录取"的徒弟则寄予"中兴门派"的长久考虑。这里的问题在于，如果仅将技术视为一种工具，作为无生命"物"的人际传递似乎并无必要担心"中落"的问题，正如从来没有人担心篮球技术和足球技术会失传一样。只有当这项技术成为一份"家业"或"产权"与群体利益联系起来时，背后的历史性关系才成为集体追求"中兴"的目标指向。也就是说，只有在观念中有一个先置的"历史关系"时，"中兴"的意义才能成立。子孙守护、延续"祖业"是对先辈基本的孝道，这种浓厚的"孝道"观念以及由此带来的家族"历史关系"，使"继承家业""光大家业"成为子孙对祖辈尽孝应有的承诺与义务，也是"中兴"意义的直接体现。技艺能否传承下去，如同能否守住家业，对祖辈生命意义延续的终极孝道。以此观之，师徒关系就有了深刻的文化传递与延续意义。这就意味着所选之人不仅要成为门派技术的持有者，更需要成为门派历史生命的延续者，徒弟是师父的继承人也是将来的传承人，能否担负起下一次的传续任务是师父择徒时的必要考虑。由此，或可理解师父"择徒之慎"

的良苦用心以及师父择徒"高淘汰率"严肃负责的坚守把关。而以延续师门为目标的择徒将"接得上、守得住、传得下"作为主要依据。

1. 择徒时师父最为关心的问题是徒弟是否"接得上"

择徒的"选材"环节既需要对来学者进行长远的判断，也需要为其培育投入做出评估。王芗斋"敏捷英勇之姿，尤为学者所必备之根本要件，否则恐难得传，即使传之，则亦难能得其神髓"①之言，其非"敏捷英勇之资"的评估即是对"恐难得传"的长远判断。同样，沧州通背拳传承人的择徒也有"苗子说"。"正式拜师必须慎重。必须是这个苗子，将来要继承这一块。""你要看他是不是这个苗子，你要在这些学生中间寻找好的苗子，你不是好的苗子，我教给你，你全练走形了。收徒弟不是平白无故地收。你给人家磕头，你给人家多少钱，人家都不教。因为你不是这个苗子，将来会砸人家的牌子。"（2021年7月30日，河北沧州，通背拳第三代传人，LHL先生）可见，对习艺者身心条件的权衡意在"接得上"的文化传续考量。

2. 师父将徒弟是否"守得住"作为择徒的考察点

"守得住"是坚守研学技艺的保障，也是担负传承责任的保证。择徒重要的标准之一是考量来学者是否能够"守得住"。既要"坚持"练下去，还要"守得住"传承下去。"三年功架两年锤"②的长期性考察是对徒弟是否"守得住"的考验，在长期的枯燥练习中磨炼心性，筛选精英，培养坚持与传承大任的担当能力。在吴氏太极拳门里有"十不传"的门规：一不传外教；二不传无德；三不传不知道师弟之道者；四不传守不住者；五不传半途而废者；六不传得宝忘师者；……③武术

---

① 王芗斋. 拳道中枢[M]. 北京：北京体育学院出版社，1989：187.
② 张士闪. 从梅花桩拳派看义和拳运动中的民俗因素[J]. 民俗研究，1994（4）：54-62，67.
③ 杨大卫. 身体实践与文化秩序：对太极拳作为文化现象的身体人类学考察[M]. 北京：光明日报出版社，2013：110.

第三章 武术民间传承的基本运作 ◎

各门各派的门规都带有道德约束的成分，体现着武德的基本条目。从吴氏太极拳的门规可以看出"守不住"与"半途而废""得宝忘师"等道德指标并列成为考察传人的依据，其中意义就在于对传人守护技艺的基本要求。对"守不住者"的严格筛选是择徒过程中的重要环节，"守不住"浪费了培养投入，担不起传承责任，如果误将其作为传人则有可能导致门派传承的中落与断绝。可见，传统武术中"苦恒出高手"的成才规律[1]，其中就包含着对本门弟子坚持习练，守住技艺的毅力打磨。

师父对徒弟的期待首要是能坚持"练下去"。尚云祥要拜李存义为师，"李存义说：'学，很容易，一会儿就学会了，能练下去就难了，你能练下去吗？'……隔了十一二年，李存义再来北京，一试尚云祥功夫，感到很意外，说：'你练得纯。'对别人说：'我捡了个宝。'从此正式教尚云祥。"[2] 李存义与尚云祥师徒关系的建立是在师父考验弟子能否"练下去"的检验基础上，经过"十一二年""练下去"的时间考验，终以"练得纯"的练习效果而通过考核。而师父以"我捡了个宝"对来学者的肯定，从反面表现出对技艺坚守者培养成功的难得，同时也暗示得到优秀弟子为光大师门技艺可能带来的长久收益。当代民间拳师择徒时一个重要的考察品质是"对拳的执着"。劈挂拳传人说："徒弟得有心，而且对这个东西他有执着才能有传承。不执着可能三天两天高兴就练，他练两年就不练了"（2021年7月27日，河北沧州，劈挂拳第七代传人，GGZ先生）。八极拳传人说："我自己对这个弟子开始是学生，经过一段时间以后，对他进行一下考验。如果这个人在品质上，在习武的态度上，真正是一个能够可以作为我

---

[1] 周伟良. 师徒论——传统武术的一个文化现象诠释 [J]. 北京体育大学学报，2004，27（5）：583-588.

[2] 李仲轩口述. 徐皓峰撰文. 逝去的武林 [M]. 北京：人民文学出版社，2013：13-14.

弟子传承人的这种人，我才可以收。就是说从两个方面，一个是他继承武术的那种欲望很强，同时在做人上、品德的修养上、品格的养成上，首先他是个好人"（2020年8月15日，河北沧州，八极拳第八代传人，CYG先生）。面对许多人在枯燥的练拳过程中自我放弃的现实，戴氏心意拳传人说："我不愿意随便收徒弟就在这。祁县一句土话叫：'寒心'嘛。是吧，实际上对方也是寒心，他为了来学习这个拳，他要牺牲多少时间，多少精力，多少东西。最后，他没学成，你说作为咱急不急人。师父也着急，师父这么多年了，一个好徒弟也培养不出来。"（2018年8月6日，山西祁县，戴氏心意拳第六代传人，WY先生）可见，由"练下去"决心到"培养出好徒弟"的结果，对文化传续而言是其技艺"守得住"的毅力之考量。

3. 师父择徒对徒弟"传得下"的期待

收徒的基本目的是对技艺的继承，能够完整继承并发扬本门技艺成为师父择徒的理想类型。孙禄堂招收弟子就为传承这一支脉而做出谋划。"孙禄堂曾经登报招收3个弟子，条件就是要什么都不会的，准备作为太极、形意、八卦三门的传人。"而孙剑云招刘树春也因看到"（刘树春）先天条件与她小时候相似，又没有其他任何武术基础，就希望培养出一个完全是她本人风格的传人，走出一条她自己的路子"[①]。师父根据传承需要对弟子选材以及培养的谋划体现出了师徒关系建立的根本目的，也体现了师徒关系"一脉相承"的功能意义。此外，对徒弟资质的考察还要兼顾天资与责任的双重考察。如沧州六合拳传人说："对六合拳传承重任能不能胜任。第一，他得有意愿，他得肩负着一种传承，一种责任。第二，练得好，没有组织能力，也没有传承的欲望，也不行。"（2020年8月13日，河北沧州，六合拳第八代传人，STD先生）最后理想传人还有其职业之考量，如沧州劈挂

---

① 童旭东. 孙氏武学研究[M]. 北京：中国书籍出版社，2008：106.

拳传人说："第一眼就觉得他是这块料。第一他有武术情结，他从小就练；第二他现在从事的工作是教育，而且教的是大学生。他那个学校里一千号学生，总能选出几个来。"（2021年7月27日，河北沧州，劈挂拳第七代传人，GGZ先生）进一步而言，对门户发展的使命不仅要继承而且要更好地发展创新，师父对传人"青出于蓝而胜于蓝"，把拳种道艺再推进一步的传续期待。孙禄堂对孙存周讲："当在你的拳中没有我只有你时，你就差不多了。"[①]孙存周说："我就是要和我爸爸练得不一样。"当师徒二人的个性以及身体条件不同时，练得不一样就对了。过去传承高明的功夫都是师傅找徒弟，找秉性相投的徒弟，所谓道传有缘者。[②]传"有缘人"追求的是对技术与道的承继与发展。不仅要"照着讲"还要"接着讲"，将技艺传承发展下去。"唐师看上我，我得唐师的东西容易。但，得师父的东西容易，自己有东西就难了。"[③]徒弟在"得到师父东西"之后，因"没有自己的东西"有负师望而遗憾。徒弟培养成功的标志在于可以推动技艺再向前发展，在前人的基础上发展并"传下去"，不仅是传而且还有创新的传，"一代要比一代强"又是师徒群体对择徒与师徒关系寄予的期望。与"苦恒出高手"配合的是徒弟"天资聪颖"对门户技术的推动，是师父的择徒期望。可见，"传得下"是对徒弟天资、责任、职业的综合性考察。

（三）为谁择徒

黄宗羲在《王征南墓志铭》中对王征南守护技艺的品质有一番赞叹："有技如斯，而不一施。终不鬻技，其志可悲！"如果说传统社会王征南"终不鬻技"是师之道德高洁的赞扬，是对师义利观的道德规范，那么现代社会"技可传，不可售"的文化习惯除了师之尊严外，是否

---

① 童旭东. 中国武学之道 [M]. 北京：中国文联出版社，2012：399.
② 童旭东. 中国武学之道 [M]. 北京：中国文联出版社，2012：391.
③ 李仲轩口述. 徐皓峰撰文. 逝去的武林 [M]. 北京：人民文学出版社，2013：93.

还有其他的原因？孙氏"道传有缘人"①的家风有何特殊意义？或许我们要有这样一个疑问，"师父为谁工作？"在没有学校（单位）给教师发薪水的情况下，在不以盈利为目的的情况下是什么动力支撑师父去收徒与传艺？前文指出了武术收徒的"非谋生"性质，说明经济不是武术师父"工作"的动力，那么除了经济因素之外是什么激发师父的传艺工作？答案就在于"光大师门"，对师门与技艺的传承与发扬。

中国武术师徒关系的建立离不开"祖师"在场。在"替祖师收徒"的话语中表达出武术收徒对祖师负责的历史意识。武术拜师仪式将祖师以及师门谱系形象化呈现在每一个参与者面前，收徒成为一场多方参与的时空展演。如果我们暂不考虑"拜祖师"仪式性的宗教整合作用，可以解释的另一个原因就是对传承正统性的强调，即历史谱系的传递强调世系传递的连续性需要，而历史连续性则是群体聚合的合法性依据。祖师是群体时间连线的原点，祖师的在场不仅是追溯过去，更在于连接当下与未来。祖师成为群体当下生存合法性基础，以及未来连续性的依据。在每一次拜师仪式的祖师回溯中，反复描绘历史连线则不断强化集体的历史记忆，将群体成员纳入历史谱系产生"人人有责"的历史责任感。

祖师这一象征符号的存在成为群体聚合的合法性基础，发展为个体对群体横向与纵向的归属感与历史责任意识。历史谱系将所有人都联系起来形成群体的责任关联。这种实际需要表现为个体对群体存在的责任意识。历史意识的存在凝聚群体，赋予后代传续的责任感。武术技艺的传与承连接成"历史意识"，技艺来自历史也在历史中被传递，师与徒正是在这样的历史链条中生成传承意义。历史意识为群体聚合服务，师父择徒对群体负责，联系着历史，关联着群体。一条贯穿群体历史的责任脉络。总之，择徒是为了技艺的历史传递为了群体延续

---

① 童旭东. 中国武学之道 [M]. 北京：中国文联出版社，2012：185.

与发展目的，这是师父用心守护的动力所在。师承代表着一种技艺历史的谋划，将成员牢固嵌入拳种发展的意义之网。择徒都是在群体延续意义上的考虑，具有世系特点。

因此，师父收徒是对历史负责的一种表现，寄托了传续师门技艺的历史性谋划。师父择徒背后是守护师门文化生命的历史责任。"守护'文化高地'，守卫心目中那些高地，为造就守成卫道的中坚支柱，为师者多严格挑选扎实、坚定、有韧性的有志者来继承衣钵，所谓'程门立雪''慧可断臂'就是著名的事例。"[1]"那么，我们从中国文化布局中，就看到了'师承'一事突出的伦理特征！谈论师承的内涵意义，重心在于文化宗派脉系及其术业成就的继承与传续，其中对师的承认，宣示了对某宗流派的进入，暗含了对该门派文化传承担负有责任感。"[2]武术传续严格筛选和择优录取，在这种机制下保持了门户技术发展，即在生源选择上的严格把关为武术门户"代有才人出"提供了前提。

二、师门关系的组织者

师徒群体是技艺的保育箱，群体保存并延续技艺。在师门背景下师父经营集体，维持群体秩序保障群体发展，集体继承技艺。首先，维系群体的存在，群体是技艺保存的基础，对群体秩序的维系是群体发展的根本。其次，师门"拟亲缘关系"为群体成员的互动提供了天然的情感基础。因为师门成员的"家族"关系存在，徒弟可以享受到门户内部教育资源，师父会调动所有资源为徒弟成长服务。家族组织因为有"新人"而带来"新生"希望，徒弟成为群体联系媒介，激活师门成员间的社会关系网络联结门户。通过徒弟的串联，唤醒门人责任感，也激发弟子使命感。最终在师门群体的相互关联中，达到集体

---

[1] 王宁宇. 师承一事重千钧——中国画学中传统血脉的延续问题[J]. 美术观察，2008（10）：11-12.

[2] 王宁宇. 师承一事重千钧——中国画学中传统血脉的延续问题[J]. 美术观察，2008（10）：11-12.

保存技艺的目的。

（一）维护师门秩序

为了集体的生存，师父有意识对家庭成员的发展行为进行管理与控制，自觉维护师门中每一个成员的生存机会。形意拳师尚云祥在收李仲轩为徒时考虑门户秩序的维系。"因为与尚师年岁相差过大，尚师开始是不收我的，说：'老师傅，小徒弟，以后给人当祖宗呀！'唐师一个劲儿地说：'读书人的孩子，不错。'……让我立下'学成后不收徒'的誓言。"[1]作为门户组织的管理者考虑的是师徒辈分对门内秩序的影响。"如果收李仲轩为徒，那么李即可能是尚系门下与李年龄相仿之孙的师叔（甚至是李仲轩门户永远的位高），年幼辈高的李也就可能成为搅乱门户'差序格局'的石子。"[2]这种让徒弟立誓"学成后不收徒"的方式，以牺牲李仲轩未来支系传承换来对集体秩序的维护，体现出师父在处理组织协调与发展的群体生存考虑。在集体意识的自觉中，成员也形成对师门秩序的自觉遵循。"曾任吴式太极拳研究会名誉会长的曹幼甫先生早年与杨禹廷相识后欲拜其为师，杨禹廷说：'我上有老师健在，下有师兄们在前，自己功夫浅薄不能收徒。'后经杨禹廷推荐给王茂斋，拜入门下，与杨禹廷成为师兄弟。"[3]可见，生活在门户中的个体对集体秩序维护是为了群体发展做保障，在集体生存理性下的权衡策略，具有维护集体生存的自觉的集体意识。

（二）组织师门关系赋予徒弟责任

师徒群体的组织关系因新徒弟的加入而增加变量，而新徒弟在群体中的"走动"，可以串联群体网络，活跃组织关系。社会关系的串

---

[1] 李仲轩口述. 徐皓峰撰文. 逝去的武林[M]. 北京：人民文学出版社，2013：35.

[2] 戴国斌. 中国武术的文化生产[M]. 上海：上海人民出版社，2015：109.

[3] 王巾轩. 师徒制下的武术文化传承[D]. 北京：北京体育大学，2012：33.

联使身处群体的个体感受师门的存在。关系的串联是门户关系相互亮相的机会，同时也赋予各自责任使命，再次提醒责任的机会。徒弟在师门中进行串联明确师门身份，"唐师说他有个徒弟叫郭振声，住在海边，让我去散散心，并给我一块药做见面凭证，这块药就是李存义传下的'五行丹'……我把药一拿出来，郭振声就认了我这师弟。"①从唐维禄与李仲轩的师徒关系看，师父积极为徒弟创造学习条件，让徒弟在学习技艺的同时感受师父与门户的关怀，增强情感凝聚。师父让弟子在师门中"行走"是让徒弟认识师门关系，也是师门对这一位师弟的认同。同时也让同门升华自身的责任（师兄师姐的升级），感受师门的存在并团结新人。徒弟对关系网络的串联体会到自身在群体中的位置感而生发对师门的认同感与责任感。

（三）以师门关系串联保存技术

师父以徒弟为纽带进行关系串联减少技术分散带来的流失，整合师门关系。"拜师成为梅花拳弟子以后，待遇是不一样的，尤其成为入室弟子以后不会的东西可以向其他入室弟子去学习，有的人把师父的东西学会了，如果是入室弟子，师父会领你到其他功夫好的师叔、师爷那里，他们再教你。"②形意拳师唐维禄要李仲轩求学于尚云祥，要指导他学习内容。"要跟他（尚云祥）学剑呀！学得尚云祥的拳，学不到尚云祥的剑，就等于白来了北京。"③作为师父的唐维禄以徒弟的"游学他师"来实现门户内关系串联，社会关系为门户团结建立了互动往来。更重要的是，门内关系串联增加了徒弟见闻，学习门户内部知识，聚合师门技术。韩伯言对韩瑜的嘱咐是对师门的串联，师父

---

① 李仲轩口述. 徐皓峰撰文. 逝去的武林 [M]. 北京：人民文学出版社，2013：12-13.

② 赵景磊. 梅花拳传承中的身份认同研究 [D]. 上海：上海体育学院，2018：29.

③ 李仲轩口述. 徐皓峰撰文. 逝去的武林 [M]. 北京：人民文学出版社，2013：62.

将传续希望寄予徒弟身上，以徒弟团结门户的规划设计。韩瑜对本门武艺持有者的主动寻访，以师门技艺相认，激活群体关系与情感，以"吾道不孤"的身份归属激活群体认同。由于韩瑜的师门串联激活了群体记忆，并且与徐皓峰一道完成了师门技术（象形拳）的"补全"工作，体现出师父对技艺集体继承的主动谋划。师门的组织性保障了技艺的集体保存与延续成为技艺发展延续性与连续性的保育箱。可以说，民间武术传承不断的重要基础是师门组织的群体保障。

三、社会继替的引导者

从社会继替的角度看，对群体成员的培育是师父的根本职责所在，培养接班人谋划技艺延续是最主要内容。接班人的培养一方面要接引，对传承者进行选拔与培养，遇到潜在的传承人就要主动吸收进来；另一方面要培育激发弟子传承责任，为技艺传承储备力量。此外，为了接引传承者，师父也会采取策略性的传承方法。

（一）主动接引

为传承技艺进行主动谋划，师父通过"师访徒"寻找传承弟子创造机会收徒；当遇到好的传承对象则以"特招"的方式，打破"只闻来学，不闻往教"的惯性而主动授徒，体现师徒传承的灵活变通。例如，形意拳宗师姬际可收曹继武为徒过程，姬际可在"早闻其名，惜无面谈机会"的情况下，为引其来学，在其入住店铺闭门练拳以"震地作山声"之法，引发曹继武"技在斯矣！所谓万人敌者，其亦不外此一身手？天下之大勇，非斯术不能至也"的感叹，随之叩门拜师。而在姬际可的自我表白中也可看到，对传人的主动接引是对传续技艺的有利设计。他常对门人说："此吾颜回也！吾年老矣，有艺为逮，继吾后者，惟此人耳！"同样，李政（太和）收戴龙邦为徒也是在"早已暗中留意数日，知其少年英勇，天才出众，为可教之材"的情况下，以展示技艺的方式，收其为徒。①尚云祥在已是三世同堂古稀之年声言不再授徒的情况下，一见到慧颖知礼、武术功底扎实、求知欲强烈的李文彬便爱从心生允列入门。②主动接引是为了传艺而进行的策略性方式。当看到师门内部具有传承潜力的弟子时会产生"跨代传艺"的现象，郭云深当年也是听说形意门中出了个尚云祥，为了考验其功底，亲自找上门来，看了尚练的一趟拳后甚是欢喜："你练得不错，可惜没有'关窍'。"从此，尚先生又向郭师爷学习"关窍"四个多月，技艺更加高强，尤其"丹田腹打"之功，胜过同辈。③郭云深通过"加功"的方式培养门内弟子。这时师门成为技艺传续的后备人才基地，不断培养输出继承集体技艺的人才。李奎元把孙禄堂推荐到自己的老师形意拳大师郭云深处深造。郭云深惊叹孙禄堂技击天赋得未曾有，当即收下。年余后，郭云深感叹道："能得此子，实乃形意拳之幸也！"④不仅是为师父择徒也是为拳种择徒，这是对拳种发展角度，群体文化生命延续的实际考虑。

（二）交接代际使命

接班人培养成功与否在于植入门户传承与发展的使命感与责任感。师徒代际传递将身份与文化结合。一方面，完成门户继承使命的身份建构；另一方面，建立文化继承的心理惯习，形成文化认同的情感。师父有意识地培养徒弟的传承使命。门户中不仅是身份认同的复制，更在于对技艺的皈依，融于身心的文化复制成为门户继承的深刻因素，也就是群体文化资本的传递。杨澄甫的传承使命则是在杨健侯的"痛责"中惊醒："1917 年，健侯临终之前，老泪纵横，痛责澄甫说：'你大

---

① 陈双. 形意拳的身体与灵魂：一项惯习研究 [D]. 上海：上海体育学院，2017：23.
② 常琦，黄健. 尚派形意 两代英杰 [J]. 武魂，1999（7）：36-37.
③ 马锡惠. 形意大师尚云祥 [J]. 武魂，1989（4）：27.
④ 童旭东. 中国武学之道 [M]. 北京：中国文联出版社，2012：35.

哥随伯父练拳，刻苦异常，早已功成名就。你开门授徒，我在后面撑着。现在我要走了，如有高手前来比试，你万一失手，杨家威名扫地。你不用功，杨家功夫失传，真是不孝至极。我死不瞑目！'（杨）澄甫惊闻此言，痛彻心扉，垂泪叩首，发誓用功。"① 杨健侯的临终嘱托对传人使命与责任的强化，建立继承身份认同。杨健侯对杨澄甫的痛责，通过临终嘱托的形式强化徒弟对"家业"的继承身份认同，激活身份认同，强化继承与发扬使命与责任。让徒弟再次重温入门守则对"不孝"的责备与"守不住"家业的危机感，进而激发传续的使命感与责任感。

代际传递过程中文化的影响具有深层的力量，师徒在门户的生活行为中激活文化资本。"代际身份复制的奥秘，不仅在于家庭让孩子做了什么，还在于让孩子看到什么、听到什么，在于让孩子感受到什么。因为恰恰是家庭日积月累、无时无刻都存在着的'看''听'和'感受'，把家庭生活方式的身份复制彰显得淋漓尽致。"② 韩瑜对拜师的过程记忆深刻，"老规矩废了，想恢复，材料不具备，没店家做木头牌位，将硬纸板截成条，毛笔写'岳飞、达摩祖师之神位''历代宗师之仙位''先师尚云祥之灵位'，插在纸盒上，再摆祭品香烛，勉强完备。韩瑜奉上，韩伯言都让磕头……韩伯言给韩瑜一个概念：'不是学形意拳，而是皈依形意拳。咱们的祖师爷是岳飞，这拳不是街头斗殴的东西，是大元帅的东西。'"③ 拜师仪式虽然简陋但并没有妨碍激发弟子的神圣感，师父对师门历史的尊重，培养弟子对拳艺的情感。韩伯言"让韩瑜年少时多次向自己拜师，是给小孩种下'师门尊贵'的概念，长大后好

---

① 杨大卫. 身体实践与文化秩序：对太极拳作为文化现象的身体人类学考察 [M]. 北京：光明日报出版社，2013：31.

② 马维娜."二代"是如何复制的？——代际传递的多文本嵌入及其现代演绎 [J]. 南京社会科学，2018（2）：140-149.

③ 韩瑜口述. 徐皓峰，徐骏峰撰文. 武人琴音 [M]. 北京：人民文学出版社，2014：174-175.

维护师门——这便是韩伯言的深远用心。"① 韩瑜一次次拜师与师门关系的建立，在师门"家庭"中强化社会关系与传承身份。拜师仪式中，所有人都在重温对群体身份的记忆，以及伴随而来的责任与使命，师父不仅把师门谱系印入徒弟心中，更重要的是将门户身份与责任一并刻入身体。

（三）灵活传承策略

如果培养徒弟是传承"明线"的话，那么师父以书为媒，传于后人则是传续的"暗线"设置，将生命延续意义寄托"有缘人"的"传道"期待。留下拳谱作为后代弟子的文化接续是一种普遍方式。黄百家作《内家拳法》说："先生之术所受者惟余，余既负先生之知，则此术已为广陵散矣，余宁忍哉！故特务著其委屑，庶后好事者可因是而得之也。"薛颠害怕所学武艺在自己手里再度失传而要写书，在一代里找不到，就在隔代里找，或者隔世数百年后能找到传人以了传承心愿，采取了"留书等徒弟"的"私淑"教育方法。（师父过世了，留下了书，数百年后有一个人能看书心领神会，证明有师徒缘分）薛颠写了《象形术》，一是国家危亡之际向国献利器，二是害怕自己人灭艺亡。②同样，李仲轩因不能收徒弟，为了传下技艺，用"写书"的方式，进行一场谋划③。虽然在黄百家看来这是"无可奈何"的文化保存之策，有"木牛流马复用者谁？"的惆怅，但另一方面却有孔子"复梦周公"之回响，展示中国文化"心传"教育特色而意义深刻。从某种程度上，心传的方式给创造力留下了空间，可以在跨越时空的条件下进行继承基础上的创新，为后来人解码开启阐释空间。"读者在反复的身体练

---

① 韩瑜口述. 徐皓峰，徐骏峰撰文. 武人琴音 [M]. 北京：人民文学出版社，2014：197-198.

② 李仲轩口述. 李帼忠，徐骏峰撰文. 李仲轩解析《象形拳法真诠》[J]. 武魂，2009（11）：54-66.

③ 韩瑜口述. 徐皓峰，徐骏峰撰文. 武人琴音 [M]. 北京：人民文学出版社，2014：9.

习中用自己的整个身心去倾听武术先哲在文本中的诉说,去体验武术先哲们对武术技击和健身等意义的表白,进而就他(她)所研读的武术文本与作者进行武术技击或健身向度的对话。"[1]留书等徒弟是师父对传续的期待性设计,为后人留下接续的线索,成为一种遗产继承方式。因而有了武式太极拳武禹襄在"近师陈清平,远法王宗岳"[2]跨越时空的对话,最终"从拳理、拳法到刀杆运用,一帜卓树、蔚然成家,形成了一个完整的太极拳学派。"[3]正是这种跨越时空的世系传承,激活文化遗产与后世的发展融合保持文脉不断。

第二节 传续关系的建立

温力先生关于武术传承"有一种沉重的责任感与使命感"[4]之语,道出了中国武术师徒传承特点,也道出了中国武术文化传承不断的根本原因。由血缘传承"因势异化"的武术师徒传承[5]保存着家族文化世代传续的精神特质。徒弟拜师入门便进入技艺传承的历史谱系,师徒也由此建立"世系"纽带连接师门的过去、现在与未来。处于师门谱系中的师徒不再只是技术教学关系,而是文化身份的接力关系,具有社会再生产意义。师门谱系赋予师徒"权责一体"的世系身份产生代际传续责任感与使命感,维系技艺传承是中国武术文化传承与发展的动力源泉。总之,传续关系是代际关联在继承者与传递者双重角色扮

---

[1] 戴国斌. 体悟:对武术的解释 [J]. 武汉体育学院学报,2001(1):61-63.
[2] 吴文瀚. 武派太极拳体用全书 [M]. 北京:北京体育大学出版社,2001:4.
[3] 吴文瀚. 武派太极拳体用全书 [M]. 北京:北京体育大学出版社,2001:4.
[4] 温力. 重视血缘关系的家族本位思想对武术继承和发展的影响 [J]. 上海体育学院学报,2002,26(4):35-38.
[5] 王林,赵彩红,黄继珍. 传统武术传承的社会人类学解析 [J]. 武汉体育学院学报,2010,44(12):21-27.

演中的文化接力。

一、上下承接的代际关联

武术师徒传承以"代"作为身份标识，个体以"第几代传人"标明师门谱系序列，确立历史位置并提醒身份所具有的义务与使命。无论是师父还是徒弟作为传人，他们最重要责任就是成为"传拳的人，把这种文化一代一代能传承下去"（2020年8月15日，河北沧州，八极拳第八代传人，CYG先生）。因此，对师父而言，收徒有其培育本门谱系传人的筹划，徒弟成为延续本门发展的人力资源，是保持师门香火不断的基础；对徒弟而言，拜师入门不仅获得进入师门的入场券，具有研习技艺的资格，更为重要的是进入传承谱系具有"继承人"身份而担负延续师门的责任。

家庭世代相传的文化基因是武术师徒传续的根本动因。从发生学角度看，家庭传承是师徒教育的原型。师徒教育脱胎于"家庭"的模仿学习[1]，即由"父子相传"到"师徒相授"。师徒关系虽然脱离了生物血缘的束缚，但还是遗传了"家庭"世代相承的文化基因。这里的"家庭"不只是社会组织意义上的"家"，更是一种"体现生命连续性的共同体"[2]，产生独特的世代延续价值观念，具有本体论意义。"'家'是中国文化传统生存论结构中的'核心'，是一种体现生命连续性的共同体，围绕着'家'与'孝'的逻辑展开的世代延续价值系统保障了中华文明连续不断。"[3] 这也就是说，"家"不仅构成了成员聚集的空间结构，而且生成了世代共存的时间结构，即，将"家"视为群体生命连续的时空情

---

[1] Scoot J L. Overview of career and technical education (4th ed)[M]. Homewood: American Technical Publisher, Inc., 2008: 121.

[2] 孙向晨. 重建"家"在现代世界的意义[J]. 文史哲, 2019（4）: 5-14, 165.

[3] 孙向晨. 重建"家"在现代世界的意义[J]. 文史哲, 2019（4）: 5-14, 165.

境，身处其中的个体具有"承上启下"的位置感与价值感，继而生发延续世代的责任感与使命感。家庭成员"'在世代之中存在'，在'上代'的'照料'下成长，并'抚养'着'下代'；在世代之中存在的'此在'，其'筹划'已经承续着世代的资源，并总会对'下代'发生'影响'"。[①]中国人社会生活的意义世界强调"上不辱没于先祖，下不蒙羞于子孙"的价值信仰就是个体存在世代之间，连续性时间纽带形成的历史观念体现。当这种价值观念作用于文化传承领域则转化为"继承祖先文化遗产，对后代负责"的话语，表达传承文化血脉的历史责任意识。武术师徒组成的门户建立了武术人群体认同与归属的家园。门户的存在使师徒生活在共同的"家庭"，成为一个生命连续体，使群体世代延续的历史筹划成为可能。由此，门户中的师与徒构成代际接力的历史关联，具有延续共同体生命的社会意义。

武术师徒模拟直系亲缘关系，以"世系"纽带建立上下承接的代际关联进行文化传续。"世系"泛指亲属团体成员资格的延续序列。"父子相继为世"，以"结绳"的行为标志前赴后继的"继承"事实。"系"字指"垂统于上而承于下也"。[②]渊源有序的师门谱系将个体纳入群体历史，以连续的师门世系关联群体成员，暗含上下承接，连续不断之意。拜师后徒弟被编入师门谱系，师徒所占据的历史位置决定传递与接续的角色任务。"传统国术师徒制有其特定仪式来进行，在教与学双方均达到一共识下，透过一个仪式之进行使教与学双方建立一条传承之脉络，并使双方建立名分，使教与学双方不再欠缺着力点，进而使学习者与传承历史搭上线，在如此背后动机下，学习者会更努力学习，以不辱使命，但也因为如此，国术之师徒制其包袱较大，进而限

---

①孙向晨.生生：在世代之中存在[J].哲学研究，2018（9）：113-125，128.

②钱杭.世系观念的起源及两种世系原则[J].华东师范大学学报（哲学社会科学版），2010，42（1）：11-15.

制入门弟子三心二意。"[1]徒弟拜师入门，不仅获得进入师门的入场券，具有研习群体技艺的资格，更为重要的是进入传承谱系具有"继承人"身份而担负延续本门技艺的责任。沧州六合拳传人说："作为一个传承人，肩上担的是传承的重任。学生是学生，弟子是弟子，不一样……你是六合拳的传承人，你不是六合拳的学生，你是代表一个拳种，所以说（要）更加地约束自己，不断地进取，不断地学习，不断地探讨，才能更好地肩负着这种传承的责任。个人在拜师仪式当中可能有这种意识，也有这种誓言。"（2020年8月13日，河北泊头，六合拳第八代传承人，STD先生）因此，师门背景使师徒关系超越技术教学，有着培育本门谱系传人的筹划。个体纳入群体历史谱系搭建"世代"联结被赋予了群体身份与历史使命。徒弟成为延续本门发展的人力资源，是保持师门香火不断的根本，具有社会延续意义。

"世系"基于血缘又超越血缘，专用于对人群世代延续序列所进行的追溯。[2]武术师徒传承以"代"作为身份标识，个体以"第几代传人"标明师门谱系序列，确立历史位置并提醒身份所具有的义务与使命。在如何看待师门传承谱系的问题上传承人的回答是："我觉得这更大是一种责任，我是第10代，希望可以有11、12代……继续往后传。"（2020年8月17日，河北沧州，太祖拳第十代传人，MZ先生）"代际身份"成为标定历史位置与担负历史责任的指示标记。每一代人都处在历史节点上担负起群体生命的传续使命。师门世系犹如一条连接过去、现在与未来的纽带塑造特殊的历史意识，使谱系中的个体油然而生一种自豪感与责任感。师徒接续群体谱系，他们不仅将这一条有历史源头的连线延续下去以形成文化传续责任自觉，而且"一脉相承"的世系关系也成为群体生存的文化资本。在此，个体既享受历史赋予

---

[1] 庄嘉仁. 国术师徒制之研究[J]. 台湾版国术研究，1997，6（1）：45-58.
[2] 钱杭. 宗族建构过程中的血缘与世系[J]. 历史研究，2009（4）：50-67，190-191.

的身份权利也担负世系传续的责任使命,构成了"权责一体"的世系身份与责任纽带。

二、世系脉络的文化接力

在世系的脉络中传续,每个人都是技艺传递链条中的一环,既是技艺的"继承者"也是"传递者"。门户世系塑造了个体"承上启下"的位置感与价值感,继而生发延续世代的责任感与使命感。师门谱系作为一条无形的历史纽带,生成师徒"权责一体"身份关联,既有继承的权利,也有接续的责任。正因历史世系赋予的传承责任感与使命感,才将武术师徒凝聚为代代相承的传续共同体,维系武术传承发展不断。

武术师徒所处的历史谱系强调群体世系连续性,"师父"与"弟子"的关系也是群体生命"世代"延续的表达。"师父"与"弟子"不只是教学角色互构,更是师门"代际关系"延续的身份表达。"师之教"与"父之传"双重任务,构成中国武术师父特殊的角色期待与文化使命,"师父"与"师傅"的区别就在于"师之教"之外,还有"父之传"的文化生命接引责任。师父收徒是为本门支系"添丁续嗣","父"之称谓则是其延续社会血脉的身份表达。师父培养徒弟如同培育继承"家业"(技艺)的儿子;徒弟,特别是入室弟子俨然成为延续家庭(师门)的继承人,师传与徒续寄托的是延续师门的代际责任。师父与弟子的关系不仅有技术知识的教学,而且有身份关系的赋予以及由此形成的角色期待与文化使命的传递。

需要指出的是,这里并非对"师父"地位的刻意抬高,也非对"父系"权力的偏执,而着实有着人类文化传续的深刻内在缘由。师父所表征的"父性符号"在人类生存中扮演极为重要的角色,是文化发展的生命源头与传续动力。一方面,"父亲是人类文化诞生的原因之一"[①]。"父亲"身份制度的形成标志着人类对自身起点认知与追溯的历史意

---

① 张祥龙."父亲"的地位——从儒家和人类学的视野看[J].同济大学学报(社会科学版),2017,28(1):52-60.

识开始觉醒,对"过去"的回望能力是人类区别于动物的"人性"基础,也是文化形成与发展的基本条件之一。当人类能够认识并开始追溯历史便产生了文化的启蒙,当人类开始问寻"我是谁""我从哪里来"时,文化之门便就此打开。历史与文化紧密相关,历史追溯能力甚至成为文化权力的依据。中国古代社会就曾以世代的历史追溯能力划分文野与尊卑。① 毫不夸张地说,对历史的掌握与操弄能力在人类文明建构与发展过程中具有举足轻重的地位,因为对过去之追问乃是回答"我往哪里去"的关键,指引着文化发展的走向。另一方面,"父亲"作为文化符号所代表的"时间意识"具有文化传承性质,"父—子"代际记忆构成了人类对时间认知的原初印象,在后代的参与中进一步产生"子—孙"时间延续意识,由"父—子—孙"形成的世系纽带构成了基础时间序列,完成人类对时间连续性的整体认识,是人类形成文化保存与传递意识的思维基础。因此,"父性符号"是一种时间象征,指示"过去、现在、未来"的连续性与延续性。武术中的"祖师""师父"都是文化在世代中传续的"父性符号",代表由过去到现在,再到未来的历史延续纽带。时间的连续性使个体总是交织在"过去—现在—未来"的关联中,"牵拉着深远的过去和祖先,投射向还不现成的未来和后辈。儿女或将来与父母亲或过去之间就是相互交织而生成人生意义的元关系。"② 个体在代际关系的互动中产生传递与接续的历史延续意识,形成人类生生不息的文化传承动力源头。

武术师徒的代际身份决定师徒关系的传承属性。中国人在家庭关系中的行动伦理是以父子关系为模板的"慈孝一体",父对子之"慈"即是对己父之"孝"的体现。处于世代关系中的个体,既有对父的义务,也有对子的责任,是责任关系统一体。父子之间的关系,不仅有父与

---

① 钱杭. 论汉人宗族的内源性根据[J]. 史林, 1995 (3): 1-15.
② 张祥龙. "父亲"的地位——从儒家和人类学的视野看[J]. 同济大学学报(社会科学版), 2017, 28 (1): 52-60.

子之间的亲代关系，还有祖父与孙辈之间的隔代关系，以及更为久远的先辈与后辈的关系，贯穿其中的纽带是"传重"，即传承血脉的重任。"父亲对长子的期望，并非只是要完成对自己的传重，更为重要的是要完成自己对父亲即长子之祖父的传重。"[①]"慈孝一体"的代际行动伦理在社会互动中具有指引性力量。费孝通先生在讨论中国社会延续性特质时指出："中国人心中有祖宗、有子孙而把自己作为上下相联的环节来看的。"[②]中国社会文化中，个体的存在意义与价值被置于历史谱系进行评估，展现出以世系关联形成的历史意识。武术师父对弟子悉心培育，不仅希望徒弟传承衣钵，更在于"后继有人"完成自己延续师门的历史责任。正如沧州查滑拳传人所说："徒弟成就了师父，有了自己的徒弟才能叫师父。""我一生所学东西能有孩子继承起来，我应该感谢孩子，不是叫孩子感谢我！……你一生所学的东西能有人继承下来，这是你上对得起恩师，下对得起自己。"（2020年8月16日，河北沧州，查滑拳第七代传人，MZC先生）师父传艺是历史谱系赋予的使命与责任，师徒相传宛如代际间转交的一份历史责任，师徒"传递"与"接续"是世系延续的责任交接与使命托付，彼此都带着一份崇高责任与情感牵挂。

"世系"犹如一条时间连线，连接过去、现在与未来，形成"生生不息"的历史意识。世系中的个体获得过去、现在、未来的时空关联能力并在这条时空连线中找到存在的意义与价值。生活在世系中的个体具有了团体性的价值依归，个体的价值因历史谱系参照而得到评估。世系关系的存在使个体以历史的眼光看待自身在群体中的价值，并由此产生文化传续的责任与使命。群体"世系"是个体存在的意义

---

① 周飞舟. 慈孝一体：论差序格局的"核心层"[J]. 学海，2019（2）：11-20.

② 麻国庆. 家族化公民社会的基础：家族伦理与延续的纵式社会——人类学与儒家的对话[J]. 学术研究，2007（8）：5-14.

坐标，对过去历史负有继承传承责任，对未来具有接续使命。八极拳传人吴连枝对他的传承事业很满意："我的徒弟全世界有300多个，这些都是递贴拜师的，普通学生不计其数……我还有3000多再传弟子，就是我徒弟的徒弟，还有再再传弟子，还有3000人左右。我这一生感到非常荣幸，第一次有外国人进入我们的谱系……八极拳有今天的发展，我的弟子也做出了很大的贡献，他们也在传承八极拳。"①吴连枝将培养徒弟作为延续八极拳历史的责任，培育传承八极拳的"诸多弟子"也成为其在八极拳历史谱系中的人生价值体现。在将培养弟子（包括外国弟子）作为光大师门的事业时，为师者并不认为工作是"技术培训"，而是用"传承"代替了"教学"，以"进入谱系"的弟子作为价值依据，具有更为深远的传承使命与历史追求，同时也将本门众多弟子带来的拳种发展繁盛之景视作自己"这代人"的历史贡献，也是作为"传承人"的价值体现。这里，师门世系为个体行动赋予了历史凭依，使师徒关系增添了社会传续意义，师徒互动因此具有了接续历史的厚重感。

三、世系生成的传续责任

"世系"形成连续的历史意识，不仅有继承前人的责任，还有指向未来的前进动力。世系连接"继承"与"接续"形成一个连续不断的社会性制度，保持文化传承不断。从拜师仪式开始，历代传拳师父不仅以直观展示的方式，用祖师牌位或画像加强弟子对群体谱系的历史感知，而且通过仪式化入门程序明确弟子的谱系位置，使认同感与自豪感油然而生，将历史使命感一道印入弟子心里。"吴式太极拳门人收徒仪式上通常会摆放张三丰以及吴式太极拳前三代人的照片。即将入门的弟子如果是北派杨禹廷的再传，便摆放张三丰、全佑、王茂斋、杨禹廷的照片；如果是南派马岳梁的再传，便摆放张三丰、全佑、吴鉴泉、

---

① 王智慧.价值理性与生存抉择：一位武术传承人的个体存续史[J].北京体育大学学报，2018，41（2）：121-129.

马岳梁的照片。"① 在谱系的形象化展示中，徒弟不仅看到缘来有自的师门历史脉络，而且也看到世系与自身的联系，联想自身的历史位置，预演由"己"为起点的历史连线。师徒关系的缔结就是对传承责任交付的仪式展演，任何一场拜师仪式都少不了弟子对传承与发扬本门技艺的誓言。每个师父的收徒都是复制其师续写谱系的过程，这也成为师徒代代相传的历史延续制度。

世系链条也使成员形成由自己出发继续传递下去的责任。沧州八卦掌传人说："八卦掌门派始祖董海川、一传掌门大弟子尹福、二传晚清大内总管宫宝田、三传上海文史馆武术组组长王壮飞，我列为第四传第5代。老师留给我的谱系有16个字：'师成见斗、炬光普照、清心德道、万法归宗'"。②谱系清晰植入个体记忆，使"不能在我这一代断了"的责任深感沉重，每一个体都成为群体历史载体，不断复写历史谱系，着力延续技艺传承的责任纽带。清晰的历史世系生成师徒传续的责任意识，对世系关系的仪式性展演不断复制文化传续关系。技艺在世系的脉络中流动，每个人都是技艺传递链条中的一环，既是技艺的"继承者"，也是"传递者"，而将技艺传承下去成为世系中每个人的责任。可见，师门谱系作为一条无形的历史纽带，生成师徒"权责一体"身份关联，既有继承的权利，也有接续的责任。正因历史世系赋予的传承责任感与使命感，将武术师徒凝聚为代代相承的传续共同体，维系了武术传承发展不断。

---

① 王巾轩. 师徒制下的武术文化传承 [D]. 北京：北京体育大学，2012：38.

② 王智慧. 传统惯性与时代整合：武术传承人的生存态势与文化传承 [J]. 上海体育学院学报，2015，39（5）：71-76，94.

第三节　传续使命的形成

武术弟子接续师门的社会责任感是武术传续得以实现的保障。弟子的"接续"既是武术人身份认同培养的神圣感,也是技艺上形成的忠诚感而涉及产权问题,还是使命感形成的历史传续意识。身份归属是师传—徒承后推动其发展的身份,产权也是师传—徒承后技艺发展的产权分配,历史意识自觉是师传—徒承之于门户的历史传续。

一、身份意识塑造

民间武术传承的行动者虽然是个体,但交往的背景是"门户"。个体交往中,哪门、哪派的身份标识是最基本的以集体方式交往的标志。门户提供了一个有边界的空间,身在其间的个体可以明确感知到自己是这个群体的一分子,建立基本的归属感。群体关系形成互动空间,正如列斐伏尔所说:"空间是社会的产物。"[1]这种空间是社会关系的结构化。因此,空间成为社会关系的表达和固化,成为"对社会关系的粗暴浓缩"[2]。这个空间犹如一座灯塔,将分散、游离的习武个体引领到拳种、流派发展的共同航线上来,以群体单位的方式行动。也就是说,群体空间为个体行动赋予了集体意义。武术世界因此成为一个个群体单元,个体总是与群体相连。在这个群体中,围绕着技艺,师徒形成稳定的认同,以及由此形成的社会关系网络。一开始这一网络是习练技艺所建立的互动网络,但随着时间的延长,社会网络会反作用于群体,网络的存在将激励群体维系技艺的发展。群体成为技艺的容器。最终,个体紧密联系群体,技艺伴随着群体关系的延续而传承发展。

---

[1] 包亚明. 现代性与空间的生产 [M]. 上海:上海教育出版社,2003:48.
[2] 包亚明. 现代性与空间的生产 [M]. 上海:上海教育出版社,2003:98.

首先，登录门墙"一票难求"的荣耀建构弟子身份的神圣感。八卦掌传人说："入了门就等于进了家谱，不入门就进不了家谱……每一代的弟子一代一代地传下来，多少年以后的碑文上都有我们的名字"①。师门以"不入门进不了家谱""碑文上有名字"赋予门户身份在"传系表"中的特殊意义，是许诺入门者留名传世的前景规划。青城派传人刘绥滨对拜师仪式的解释也有类似含义。"为什么我觉得要有个拜师仪式呢？第一，你是我的徒弟，不是别人的徒弟。第二，也要显示对这个门派的尊重。我们拜师中的一个环节是给祖师爷上香，通灵，向他禀报，要收这么一个人。我们现在所传的功夫不是天生的，而是历代传下来的。"②拜师是明确弟子身份的仪式，强调"你是我的徒弟"的身份归属，同时明确"你不是别人徒弟"的排他性意义，是对徒弟身份的垄断。拜师入门突出身份的价值展示弟子本门技艺财产的继承性，尊重本门技艺"历代传下来"的，形成弟子对本门技艺继承的神圣感以及对技艺价值的尊重。

其次，师门以延续老字号"祖传秘方，不传外人"的排他性而凸显身份价值，也以此强化弟子对师门的珍惜。"不入门，核心的东西你教他没用，好多人一知半解的就发飘，就老想独出心裁，到一定程度，他独创一派。所以他不磕头，核心的东西说也没用，他不珍惜。"（2021年7月27日，河北沧州，劈挂拳第七代传人，GGZ 先生）入门是对身份的绑定含有继承师门秘技，象征权威的潜台词。同时，担任身份也有赋予责任维护技艺的诉求。因此，门户身份赋予了神圣意义。师徒代代传续的身份可以看作师门老字号、百年老店的权威与象征符号，传授独家秘方的神圣身份建构是师门"老字号"选任"新掌柜"的法

---

① 李旭. 中国传统武术拜师仪式的文化研究[D]. 北京：首都体育学院，2013：11.

② 龚茂富. 青城派武术生存现状及传播方式研究[D]. 北京：北京体育大学，2011：32.

人身份实践，也是对师门这一象征符号的敬重。

最后，社会身份的标签化强化师门认同与传承责任感。"有这样一个（拜师）仪式的时候，会突然感觉到一个身份的转换，把你从学生变成了徒弟，拜完师之后感觉自己成了传承人了，以前只能说是老师的一位普通学生。有人也称我为老师的关门弟子，当时觉得自己身上会有一种责任感，毕竟也学了这么长时间，举办仪式在场那么多人，从那之后我走到哪，别的门派老师都认识。"（2021年7月30日，河北沧州，太祖拳第十代传人，MZ先生）拜师仪式完成由门外到门内的空间转换，从学生变成徒弟的身份转变，社会身份的过渡带来社会责任，"我是传承人"的内心独白将自己的角色身份内化。个体进行社会交往时，师门身份标签效应又从外人的认证中得以强化。"拜师后师父带着我见更多的东西，介绍各个拳种的前辈，会互相认识。让各个门派的人承认你，认识你。就是不能让人家说：'他们这一门派后面没人了。'"（2020年8月17日，河北沧州，太祖拳第十代传人，MZ先生）师徒的公开巡演，在外人评价与认知中产生"其门有后"的集体标签，反过来又强化了个体传承门户的责任感。总之，师门身份为文化继承提供了合法性，神圣的身份也塑造了传承的神圣心态。

二、产权意识确立

空间边界形成技艺继承的产权意识，明确行为主体的权利与责任。"我代表我们这一支"塑造忠诚感，维护产权产生"我要维护传承"的分内责任。空间边界形成了技艺继承的产权意识，有利于明确行为主体的权利与责任。"传统汉族的遗产继承以纪认亲法制度（即宗法制）为原则进行"[①]。在门户群体中，技艺的传承有着集体财产继承权传递的意义。"拥有财产的群体中，家是一个基本群体。它是生产和消费

[①] 廖明君，彭兆荣. 生生遗续 代代相承——彭兆荣教授访谈录[J]. 民族艺术，2014（6）：56-59.

的基本单位，因此它便成为群体所有权的基础。"① 权利在群体内部分配，获得权利的同时，也对传承与发展提出了责任要求。门户是武术群体生活的基本单元。组织承诺就是对组织的认同感、使命感、责任感。门户技艺继承是所有权与传承责任的双重传递。产权主体因此具有继承守护与延续发展的责任意识。

  武术人关于师门继承的说法是："徒弟前面走，带着师父两只手。你徒弟出去一展示有师父的影子，个人就代表你的师门、你这一支，代表你的老师。"（2021 年 7 月 30 日，河北沧州，太祖拳第十代传人，MZ 先生）可见，技艺上身、纹刻师门印记，从个体的"我"变成了群体的"我们""我们这一支"而代表本门的发展，个体也成为维护师门的文化使者。当然，技艺上身、代表师门又是集体性存在。"戴魁师爷根据学生的情况，有意地把拳术分配给每一家，最后让你们合起来，就是一个完整的戴家拳。要是都传给你了，或者都传给他了，你们之间就互相不交流了。所以，戴魁师爷走的时候就留下一句话，'戴家拳核心的东西还没有出祁县，你们后人，你们弟兄几个能联合起来，互相取长补短，戴家拳就可以发展下去。'"（2018 年 8 月 6 日，山西祁县，戴氏心意拳第六代传人，WY 先生）可见，门户技艺的群体性继承既是师父因材施教的结果，也是文化传承的实际。也就是说，从法理上看，众弟子都是技艺持有者、师门的共同拥有者。关于师门的忠诚，武术人的体验是，"学形意，便要当成至高无上，看到别的拳好，反而更能发现形意的好"②，"（这套拳）真正到了你身上以后，练其他拳就感觉没有味道。"（2018 年 8 月 5 日，山西祁县，戴氏心意拳第六代传人，WY 先生）可见，技艺上身既强化了门户的忠诚，也将维护技艺的传承成为分内之事。

---

① 费孝通. 江村经济 [M]. 北京：生活·读书·新知三联书店，2021：69.
② 韩瑜口述. 徐皓峰，徐骏峰撰文. 武人琴音 [M]. 北京：人民文学出版社，2014：177-178.

三、历史意识自觉

彭兆荣先生指出："我国文化遗产所包含崇高性的逻辑前提：由祖上一以贯之的文化纽带、文化精髓从来没有失去，而是经久地传承；'祖先在上'如明镜高悬。"①以"祖先"为表征的历史意识，以"崇高"为价值追求形成中国文化遗产对历史延续的孜孜以求。在历史谱系中，"传递"与"接续"组合成为文化传承不断的"文化制度"。历史意识是一种思维与价值观，"置身于一个更广阔和更深远历史上下文的透视关系中，获得某种鸟瞰性的超越视野"，以免"个体在当下现在中的'沉沦'"。②将"过去、现在、未来"作为一个整体进行思考，以现在为起点，对过去继承汲取力量，指向对未来的延续。虽然从时态上可以将时间划分为"过去""现在""未来"，但"恰恰是以共时态的功能性联系呈现在自我意识之中的""在自我意识中的共时态呈现，不是'对于历史的意识'而是'在历史中的意识'"③。在人的自我意识中，始终是将这三个时态同时呈现，不可分割。在这样的意识之下，个体行为就有了包括"过去—现在—未来"连续的三个面向的考量，形成的是整体的意义模式。历史意识是武术文化传承代际关系的世代连接生成特定的对历史延续的意识，是将武术文化传承置身于师门传承谱系的上下文关系中，在"过去—现在—未来"连续体的三个面向中加以认识与评价。"因为他们这一代人没做好……他们对自己师父，就是我师爷，他们对自己师父的这个希望、嘱托是没做好的……所以把希望一代代地寄托下来。"（2018年8月17日，河北沧州，太祖拳第十代传人，MZ先生）与历史意识相关的"世代"，既

---

① 彭兆荣. 生生遗续 代代相承：中国非物质文化遗产体系研究[M]. 北京：北京大学出版社，2018：75.

② 周建漳. 历史及其理解和解释[M]. 北京：社会科学文献出版社，2005：118.

③ 于述胜. 也谈人文社会科学研究的"历史意识"——基于教育研究的理论思考[J]. 教育研究，2012（1）：53-58.

是中国社会与文化的活力，也是门户成员的使命之所在。正是世代传承的历史意识，致使武术人像达摩克利斯之剑一样，将"祖辈的好东西不能在我这一代断了"置于头顶上方，肩负各自的历史传承责任，做好世代文化接力的交接棒。

（一）历史作为文化资本而追溯过去

历史意识是对自身存在与定位的首要问题。对"根脉"的追溯，对自身起源的追寻是为了更好地理解现在，如何更好地走好当下的路。对"己"的历史性追寻是获得当下合法性的依据。通过探寻历史对自我存在的定位给予一种实体感建立了一种现实性。群体在面对历史时形成确定的团结感，确定自己是一家人。历史是群体进行门户认同的手段。历史意识调动记忆资源的建构，通过群体聚集建构一个共有的历史源头，以及社会谱系形成共有的记忆，从而获得群体身份的确证，具有区分他者，认同自我的意义。历史与过去成为群体认同的资源，群体以共同研习技艺而认同与凝聚，建立确证自我意识的认同感。武术社会中的个体，也因为有了共同的群体认同，而建立本门技艺的认同感。

历史被作为一种文化资本，对谱系的展示是对外表明技艺的文化价值，经历漫长的时间延续至今标志文化价值的意义。个体在门户中对自身的意义充满历史感。处于门户中，谱系拥有位置感，建立认同感。哪门、哪派、哪辈，成为定位个体身份的行业内认证。对外是专业标准，对内是级别地位的标识。

师门谱系生成历史意识。武术人在门户中生活，因此有了过去、现在、未来的团体内时间意识，个体自觉地以集体的价值标准来看待生命的意义。对祖师、技艺历史的追溯形成历史起源的记忆。在师门谱系的代代发展中，优秀弟子成为门派历史上的卓越贡献者，也转化为技艺发展的历史节点，具有了历史意义，门户成员在认识这些过去的故事时，将这些作为历史记忆融入知识，也在将来作为历史的知识传给后来者。门户弟子继承与接续师门谱系，将之延续下去，对未来负责，形成过去、现在、未来的连续性知识谱系。在对过去的认知中建立认同。谱系的存在让每一个生活其间的门户成员可以有历史的归属。在与过去对话中，将"过去"与"现在"融为一体。门户谱系的存在，不是作为一种过去的、无人问津的故事存在，而是作用于当下，不断地与历史对话中，激活新的意义。

（二）历史将时间符号化而连接现在

历史是对发展过程的追溯与回望。《大英百科全书》对历史的定义为："历史一词在使用中有两种完全不同的含义。第一指构成人类往事的事件和行动；第二指对此种往事的记述及其研究模式，前者是实际发生的事情，后者是对发生的事件进行的研究和描述。"[①] 这涉及历史的两个意义，即"过去的事实"与"对过去的言说"。如果说"过去的事实"是根，那么"对过去的言说"则构成历史的过程，"言说什么""如何言说""谁来言说"成为塑造"历史"的方式。当尽量去贴近"过去的事实"的言说时，就是在尽力展现时间的过程。这种"言说"的过程就是对过去的追溯与回望。

谱系就是时间的符号化表现，谱系中的代际节点组成历史叙述的节点。历史意识是通过符号化的谱系予以呈现，更为具象的则是师徒与祖师的接续关系。谱系为群体建立了共有的历史记忆，从此集体有了一个凝聚团结的支点。谱系的清晰脉络是时间的符号化，也是群体历史的具象化展现。谱系将历史以具象符号的形式映像进入每一个门户成员。从此，历史、过去不再是抽象的时间认知，而是以明晰、具象的画面展现在眼前，在群体中流传，形成共同的记忆。历史意识得

[①] 杨经录. 历史意识：思想政治教育学科发展的关键意识 [J]. 教育评论，2008（3）：11-13.

以实现是通过回忆，记忆作为媒介来进行，而将抽象的时间概念具象化的方式就是谱系符号与"祖—父—子"经验关系的转化，实现集体的记忆整合，在集体记忆框架中建立认同。对历史的符号化，对过去的追溯就是"文"化过程，通过符号将抽象的历史进行仪式化、观念化的加工，实现对群体的凝聚与认同。在"报本返始，不忘其所自出"的文化行为中产生出文化始源意识，对文化历史的追溯与继承的历史责任感与使命感，建立"本是同根生"的根脉认同。

谱系提供了认同，有谱系必然建立认同，而认同推动谱系建设，延续谱系与认同。历史意识是一个整体，站在发展的脉络中理解事物。历史意识强调过去、现在、未来的连续性。时间的连续成为一种文化纽带，不仅是线性的时间过程，而是文化发展的一脉相承，在一以贯之的脉络中将技艺保存并延续下来。世代共享文化，一种集体精神的连续性传递。共享集体的历史与情感，蕴含着对集体的归属与认同。集体共同在历史脉络中前行。

（三）历史生发使命感而指向未来

马丁·海德格尔认为：历史的本质重心"既不在过去之事中，也不在今天以及今天与过去之事的联系中"，而是"本质地扎根在将来中"[①]。历史是将"过去—现在—未来"连接在一起的连续性时间结构，而且这种时间指向未来的意义。也就是说，历史的归旨是要指向未来的延续。所以，历史在根本上生发着对未来的联系。有了历史谱系，历史意识的存在超越个体狭隘，与历史对话（包括过去—现在—未来的平台），以谱系的眼光来看待自身价值与行动。指导个体在谱系中追求价值与指引行动方向。自觉担当谱系赋予的社会身份与历史使命。

首先，历史世系创造成员身份，自然形成群体认同，自动形成群

---

①[德] 马丁·海德格尔.存在与时间[M].陈嘉映，王庆节，译.北京：生活·读书·新知三联书店，1987：454.

体意识。共同世系产生了"共同命运"感,将人群进行了想象联系以形成身份认同。获得群体成员的身份或资格,建立认同。代代传习,脉络清晰的世系关系成为一项技艺生命力的展现,也体现技艺代有传人的继承活力。谱系建立一种连续性的关系,给人以安全感、固定感。家族世系建立联系不断的历史关系,使流动的个体在其间找到了固定的位置感,具有稳定感。谱系化的社会关系网络,明确每个成员在门户关系网络中的位置,强化个体对门户的向心力与归属感。个体在谱系中的位置代码,意味着对自身所从属的世代关系与位置的认同。共同的认同与历史记忆,激发起群体形成凝聚与认同,在"共同体"中凝聚力量,也产生作为共同体一分子的责任感与使命感。建立的谱系使每一个成员有了"一份子"的体验,参与其中获得集体行动的力量。谱系是一种人为建构,将无血缘关系的人群进行想象关系的建构,有了一张"想象的"历史关系之网,但是当这张网络明晰地展示在每一个人面前时,个体的历史感与集体感便迅速生成。

其次,群体历史为个体发展提供了示范与动力。尼采所说的"纪念碑式的历史意识",是从过去时代"寻找英雄行为的榜样来给现实注入活力并教导人们在现实中怎样再一次具有英雄性"。[1]每一个师父都是起点,徒弟从起点处获得继续前进的动力,每个个体都是源自师父,又从自己开始新的发展,在群体历史的轨道中续写篇章,无论后代分支流派多少,共同的源头与起点都成为群体"温故知新"的发展根本。"后辈在谈到本门前辈时通常会提及三个方面:一是技术水平;二是道德修养;三是对武术或门派发展起积极作用的事件。"[2]门户前人的示范,为弟子在群体中的生存提供了追求的方向。

---

[1] 肖明翰. 威廉·福克纳:骚动的灵魂 [M]. 成都:四川人民出版社,1999:65.

[2] 王巾轩. 师徒制下的武术文化传承——基于吴式太极拳师徒传承的个案研究 [J]. 上海体育学院学报,2014,38(4):89-94.

最后，个体的价值被历史评价与定位。群体历史为个体提供了前进的动力。"中国文化相信：我们之所以为人，是因为我们是作为历史中的人而思维和行动着……在中国人的心灵中，历史描述了如何掌握我们在从事各种活动的流逝的时间中存在，由于'流逝'包括了它的方向，掌握在时间中的存在就意味着厘定一种方向感，这种时间流逝的方向从过去到现在，再到未来，我们的行为清晰地有一个从过去到现在再到未来的方向感。这种明确的方向感赋予我们生活的期望和目标。"[①]个体在群体中位置被历史时间评价与衡量。个体在群体中的贡献是价值评估标准，也是个体参与群体建设的自我动力。在连续性的发展中，自觉明确当下的历史使命，担当延续历史的使命。在谱系的绵延中将历史的连续性作为个体追求的价值意义。谱系内部的位置提供了奋斗起点。使个体在谱系中获得确定性发展，提供价值评估指标。师与徒在前人的基础上继承发展，从历史中汲取养分继续前进。后人可以在前人累积的基础上，拾阶而上继续提升，形成技艺演化的发展序列。

第四节 本章小结

虽然师徒制是一种普遍的技术教育模式，但中国武术师徒制在"技术培训"之外，还因"文化身份传递"具有社群再生产意义而独树一帜。武术师徒互动的背景是师门谱系，师门内部横向群体交往与纵向代际传递所编织的多边互动网络，使师父与徒弟都带着一份传递与接续的历史责任感与使命感，这构成武术师徒制"传续"个性，展现出武术师徒传承的社会逻辑。质言之，师徒多边互动产生的代际身份与传续

---

① 黄俊杰，姜龥.中国历史思维的特征[J].史学理论研究，2013（2）：127-133.

第三章 武术民间传承的基本运作

责任构成了武术师徒关系的核心内容。师传—徒续的代际接力关系启发我们超越"教学"思维，以更加开阔的社会视野理解武术师徒制的内涵与意义。师徒组成了武术社会特殊的群体组织形态，即武术门户，在门户背景中理解师徒制，可将其视为门户人力资源延续的社会制度。群体是承载技艺的容器，师门群体是保存与延续技艺的社会生态土壤。师父通过收徒为师门延续选拔培养继承人，赋予身份责任与使命。师徒代际传递与接续成为武术门户——社会群体延续的合作机制，维系武术社会生态。因此，武术师徒制可视为维系武术社会再生产的文化制度，体现出延续武术社会群体的"制度"内涵。由此出发，可将武术师徒制的定义简要表述为"师徒聚合传续武术的文化制度"，群体聚合是基本特征，传续武术是根本目的，最终落脚点在"传承制度"。

从师门组织行为的角度看待师徒传续为我们提供了思考中国武术文化传续的动力基础。师徒不是孤立的一对一的教学，而是具有更为广泛的群体联系。师徒传承具有深层的历史延续的脉络意义，而这种脉络的延续就是门户组织保存与发展技艺的目标，也就是武术文化传承的行动力。中国武术文化传续的动力来自师徒在师门组织情境下生成的"传递"与"接续"责任感与使命感。在组织情境中的"师父"具有了组织传续的责任使命。组织的群体意义促进了个体的责任生成。"师父为师门组织延续而工作。"在师门传承空间中，师父对技艺的代际传续进行积极的谋划，发挥着传递责任的角色使命。从组织视角也可以看到师承为文化传续提供了时空条件，使文化传承的历史谋划成为可能。中国传统文化的传承以师徒传续完成，师承是民间文化的传承法则，也是理解民间文化传承活力的根本。

身份意识、产权意识、历史意识共同构成了武术文化群体传承的意义世界。门户不仅提供了空间轴的群体关系，而且还提供了时间轴的历史关系。在时间轴上，门户成员被赋予重量感，每个人都有了群体意义，在对历史延续的认知中建立担当，使群体可以朝着纵向发展的道路推进。技艺因为与世系建立关系，所以能够长久延续。技艺绑定在群体的生命活动中，技艺不是教学层面的个体互动，而是融于群体生命，嵌入群体活动。以群体生活的方式保存与延续技艺是民间文化传承的普遍现象，也是文化传承的生态情境。外在是技艺在流通，内在是社会关系的流动。技艺寄生在群体的关系流动中。

第四章 武术民间传承的社会维系

武术的民间传承有着自身的发展活力,在社会变迁中主动调适与发展,以群体的延续发展呈现存续的韧性。武术的传递与接续也在社会变迁中产生新的变化,其变是传承空间与传承语境的丰富,而调适中的不变则是传承火种的播撒与接力,其根本的文化传承目标不变。

第一节 武术传承与社会变迁

一、由私产变公产的关系变迁

非遗保护在当今已成为武术传承的一个时代背景和话语背景,借着非遗东风,武术发展进入一个繁荣时期,不可否认的事实是,当武术技艺作为一项由国家介入而进行保护的文化事项时,技艺的保存与传承也逐渐突破原有社群的范围,被作为一项共有的集体资产,在传统与现代之间潜在进行着原有社群掌管的"私产"与现代集体所有的"公产"之间的平衡与协调问题。

一方面,国家在社会变迁中为了文化遗产的发展,政府层面鼓励开放,一定程度上会淡化原生社群的生存空间。武术"遗产化"过程是现代社会建构的结果,也是"政治化"与"国家化"的结果,在近代"强种强国"的政治逻辑中,武术从疗治身体的事业收归国有,走向精神的提升。武术自近代成为塑造国民精神的药方。[①]而以民族国家为基础进行的"遗产化"保护，则延续武术的社会功能，沿着"体育—精神—文化"这样一条逻辑进路，将武术置于"国家需要"的框架下进行了社会动员。而在这样一种"政治建构"过程中，武术不得不面对的是"脱域"的问题。吉登斯指出，"脱域"是现代社会生活的重要特征。"社会关系从彼此互动的地域性关联中，从通过对不确定的时间的无限穿越而被重构的关联中'脱离出来'。"[②]第一，传统社会到现代社会的转型带来的脱域问题。第二，武术政治化的脱域问题。武术进入国家化发展后从原先的生存场域中抽离出来，进入国家建构的叙事话语中，生于民间、长于民间的武术成为"非物质文化遗产"，成了国家的文化保护对象。遗产进入"非遗"名录，纳入国家的管理体系，在非遗标准的认定与申请中，武术由民间持有者自主行动，变成国际组织、政府部门主导，收获了国家重视的优势，抬高了文化身份，同时也将武术从原来的社群中抽离出来扩散为广泛的人群接受技能。第三，武术的标准化、知识化，推动了武术技术的快速传播，但同时也造成了武术传承谱系的淡化，武术从门派支系走向社会大众的过程。

另一方面，门户社群不仅将之作为群体资产进行保存，同时也借助国家政策提供的政治资本来发展。国家化的思路正是将"技术"从社群关系中分离出来，进行逐步大众化的发展过程。不论是反门户，还是科学化、标准化、段位制发展，都试图将武术变成"技术性"的公共资源。但是，民间却在这些发展中保存了社群的自我认同感。这是官方与民间最大的不同，也就是"公"与"私"在武术技艺发展中的体现。因此，即便武术发展公有化，但民间武术人仍然在坚守社群

---

① 刘启超，戴国斌，段丽梅. 近代中国"武侠"再造与"武德"型塑之研究[J]. 体育科学，2018，38（5）：80-87.

② [英]安东尼·吉登斯. 现代性的后果[M]. 田禾，译. 南京：译林出版社，2000：18.

关系建设，在经历调适后仍然复归对社群关系的建设。这也是民间传承的根本所在，因为传承一定是人的活动，是本群体的活动，技艺的传承离不开本门群体的纵向传递，武术的民间传承不仅是技术的保存，更是社会关系的存续，技术就是在社会关系的发展中流传下去。民间传承的武术正是藉着社会关系维系形成的传承空间与传续意识，将技艺一代代传承下来。河北沧州八极拳传承人吴连枝说："我觉得八极拳不是我们吴家自己的东西，是国家的，是全人类的文化遗产，如果把八极拳看成我们自己的，还像过去一样保守，那八极拳就发展不起来了，只有把八极拳当成国家的、全人类的东西发展好了，才更对得起列祖列宗。2008年孟村八极拳被列为国家级非物质文化遗产，我是传承人，国家文化部、国务院非常重视传统武术的发展，感谢政府的重视，能让我们八极拳的发展那么好。"[①] 这段话不是八极拳吴连枝一个人的说法，许多民间拳种都已经将这种表达内化到日常言说之中，成为一种习以为常的知识话语。而这种话语其实也多少能够反映出传承者对"公私"话语转化的熟练加工。

民间传承者这种对于国家话语的熟练操作，有几点值得我们注意：一是过去八极拳是"我们自己的"，并非国家的，更非全人类的文化遗产。而现在传承者清醒认识到，想要最大程度发展本门技艺，扩大习练本门技艺的人口基数，必须借助现代话语体系，协调"公产"与"私产"的关系。传承主体在对技艺的处理上，将"自己的"与"国家的"进行了灵活的变通，而且借助国家的政治资本与全人类文化遗产的社会资本，使"自己的"技艺得到社会认可的可能。借助一套官方话语，如保护文化遗产、国家文化等，实现在国家框架下的"自己的自由"，也就是由"保守"走向"开放"，发展本门技艺实现双赢局面，最终才能"对得起列祖列宗"。二是传承者灵活、娴熟地运用这些话语。

---

① 王智慧. 价值理性与生存抉择：一位武术传承人的个体存续史[J]. 北京体育大学学报，2018，41（2）：121-129.

一面是"我们的""列祖列宗",一面是"政府""国家",传承者协调"私家"与"公家"两个身份,灵活运用结合发展实现双赢局面。三是国家话语为民间武术传承普遍的话语,特别是在非遗的宣传下,传承者将这些话语演练得烂熟于心,将"公家"融入"私家"的文化心理。总体而言,民间传承者通过产权的"模糊化"处理,平衡了"公私矛盾",更重要的是通过国家指导、门户参与的共同合作,均衡责任与权利,形成多方合作,共同推进文化保护的格局,成为克服"反公地悲剧"[1]的有效方式。从中可以看出,民间传承在时代变迁中协调公私关系的灵活与变通,展现民间传承的生命活力。

二、由师传到普教的任务变迁

自近代以来,武术"国家化"[2]进程中的社会精英开始对民间武术进行改造,一直以普及推广为目标,最主要的革命对象是"门户"。

一方面,在"身体康健"话语下的国民身体改造,武术作为疗救国民身体的药方,普及推广为第一要务,需要武术改革,面向社会大众。社会场域的现代化发展,农耕到工业社会,流动性增强。民间面对着社会发展也要进行调整。一是传承场域变迁,传承后继乏人的问题凸显,引发的普遍焦虑。传统传承方式需要转变,普及推广成为第一要务。在时代发展中,民间武术传承也有着从传统的粗放型转变为集约型。大面积普及推广成为武术发展的主要任务。二是武术作为全民健身的一种文化事业,获得人们的喜爱与支持,需求量大,民间传承也借助这一需求,积极发展,以武术场馆的形式进行发展以扩大规模,增加受众。"传统武术的传承是'线性的',现代武术的传承实现由'线'向'面'的转化"。"改革开放以来,随着习武人数的增多,一大批

---

[1] 谭宏. 在非物质文化遗产保护中克服"反公地悲剧"[J]. 江汉论坛, 2010 (9): 140-144.

[2] 周延, 戴国斌, 段丽梅. 武术国家化: 民国时期武术转型研究[J]. 体育文化导刊, 2020 (1): 73-79.

武术馆校相继成立，武术的传承也开始突破传统的方式"。"建立在契约关系基础上的师生传承模式顺应了西方体育发展和体育全球化的潮流，给武术的普及带来了极大促进。建立在契约关系基础之上的师生传播模式成为现代武术传承的主体。"①

另一方面，门户因"门户之见"的原罪成为绝对需要革除的弊病；门户分门别派使武术成"四分五裂"的状态，让人们联想到过去国家散乱、人心不齐的社会境况。在此背景下，革除门户，统一武术，找一个全体都能练的东西，成为时代需要。自此以后，武术的"门户"成为"门户之见"的代名词，在社会精英不断的意识强化中，成为武术发展的最大敌人。现代社会发展，当武术面临传承危机时，反对"门户"成为学术普遍话语，一次次成为改革武术、发展武术的必要选择。

然而需要反思的问题是，从近代到现代不断否定的"门户"，为何始终存在？为何对"门户"进行了改革，传承仍然会存在危机，到底是门户的问题，还是另有他因？将武术普及化推广，可以大面积发展传播，大部分人受益，但对门户的批判也造成了对本门社群纵向传承的忽视。在武术发展过程中，传播与传承应齐头并进，不可偏废。

第二节 武术民间传承的变奏与主旋律

武术民间发展具有生命力，在自身发展中积极应对时代变迁。本节内容在对多个拳种考察基础上，最终选定三个具有代表性和典型性的案例作为分析对象，展示民间武术传承的发展方式与发展活力。这三个案例的发展表现出两个不同的传承方式，一个是师徒与师生的双轨制发展，一个是师徒传承发展。同时又有相同点，就是对师徒传承

---

① 王智慧.社会变迁下的民族传统体育文化记忆与传承研究——沧州武术文化的变迁与启示[J].中国体育科技，2015，51（1）：81-95，145.

的重视。在民间武术传承中可以分为两个类型：一个是双轨制发展，在传统发展模式中融合现代发展，这是当下最为常见的模式，在师徒传承中灵活融合现代教学发展，并且积极借势非遗文化资本大力拓展本门技艺的传播扩散版图；另一个是传统师徒传承方式，规模不大，但传承人却能够体现出强烈的传承意识。从这三个案例可以看到，武术民间传承虽然在形式上有着不同变化，但师徒传承始终存在其中，体现出师徒传承在武术民间传承中的重要意义。

一、个案一：师生与师徒结合的双轨制传承

S先生，六合拳第八代传人，武术馆校经营者。

S先生的祖父是六合拳第六代传人，父亲是第七代，传续到他是第八代。父亲去世前对其交代：第一，要求拳法不能失传。因为前几代人费尽千辛万苦才传下来，特别是经历"文革"，后辈人离之不远，仍能感受过去传承的不易与辛酸，所以倍加珍惜；第二，希望拓宽思路，传播拳法。2001年其父去世，他接过传承的重任，开始第八代传承人的工作。武馆里一张1935年的民国老照片展示着这个门派的历史。S先生于2002年建立武馆。常年保持着50～100个学生进行练习，晚上7:30—9:00进行教学。教学内容上分成三个部分（表演套路、比赛套路、传承套路）传承本门武术，也教学跆拳道、散打等现代搏击维系武馆运营。多年传承工作，终于在国家级传承人的社会名誉下，开始快速打开局面，也算是对多年努力的回报。2007年，S先生被评为第一批国家级非物质文化遗产项目沧州武术代表性传承人，六合拳第八代传人，兼任泊头市武术协会副主席、沧州市武术协会会员。既是拳种发源地，又是国家级非遗，作为当地文化特色资源，得到教育部门支持。泊头市中小学开展六合拳教学，其任教员。2010年编排六合拳套路走进学校，进入泊头市中小学必修课。与高校尝试对接，培养特长生输送高校。

即便发展势头良好，但S先生也看到校园推广的局限。六合拳从小学发展，有着相对稳定的习练人数，但学生进入初中后便无法继续普及，因为学生都住校，课业负担大，挤压了练习时间。面对学校普及的问题，他很无奈地说："现在都怕耽误孩子们学习，所以好多器械练习，比如长器械练习，孩子们还没等学到这一块，就不练了。所以也会面临失传的风险。"所以，这时就体现出徒弟的重要意义，徒弟学习的长期性，与师父建立长期的联系，首先就是解决技艺传承断裂的问题，特别是时间上的不连续性问题。武术教学传播，确实在普及推广方面增加了技艺生存与传承的可能性，但要实现完整、持续地传承，师徒关系是不可替代的部分。民间传承者在拓展传承人口基数同时，也没有忘记对徒弟的责任传承，对徒弟传承始终具有期待。他深知传承事业是一份需要付出与贡献的事，不是所有人都能进行的，对弟子的发展，也是给予传承的期待。他说："肩负着传承责任的，只有直系传承人。因为传承武术不是营利行业，得有付出、奉献，才能干这个事业。你说要按我这个武馆的规模，要说每年收来的学费，不如我把它租出去得到的回报更大，何苦呢？传统武术的传承人，他只有这个肩负着传承责任的人，才能干这种事业。目的比较明确，我干这种事业，我是为了传承，肩负传承的责任，并不是谋取利益。"

S先生的传承发展在民间传承中具有普遍性。基本模式是依靠增加武术影响力，拓展武术普及版图，目的在于增强拳种技艺的传播与传承力度。围绕得到社会认可的方式"学员人数多，声誉传播力度大"，有着把本门技艺"发扬光大"的理想。再通过比赛提升本门技艺的知名度提升。培养学生参加比赛，通过集体展演方式达到宣传的目的。"以后的发展形势来说，一是从宣传力度，一是扩大规模。再一个，从传统的问题，我现在分成三大块来看——表演套路、比赛套路、传承套路，因为这三块分开以后，我感觉这些年特别顺利，得到社会各界的认可，包括学生的家长，出去表演的时候，就是观众的欣赏程度也都比原来大大提高，因为这里头咱是练的传统套路，又是表演性的，你得有表演性跟传统套路结合起来的过程。这样丰富多彩地把它组织起来以后，干得特别好。"传承人将本门武艺发扬光大作为自己责任。在积极开展普及活动中，也发展徒弟，形成了灵活的双轨制传承模式。一方面，学生普及发展；另一方面，培养徒弟作为传承人，保障传承责任。

二、个案二：离不开的师徒传承

H先生，太祖拳第九代传人，80岁，退休职工；M先生，太祖拳第十代传人，24岁，高校学生。

2020年8月，笔者对河北沧州太祖拳的一对师徒进行了调研。他们的发展依然是以传统的师徒传承方式进行，师父与弟子进行传续。师父80岁了，听力模糊，关门弟子守护左右。弟子每天下午到师父家里学习，师父想到什么就告诉什么，采用灵活的教学方式想尽可能多地传授技艺，弟子也尽力记录保存。弟子也成为师父的发言人，协助师父，并且在师父授意下进行武术传播。从这一对师徒的发展，我们期望从中了解武术民间传承的个体经验与实际情形。

弟子今年24岁就读于国内某知名体育学院。从小热爱武术，一直对武术具有热情。最早在当地培训班学了一年的披挂拳，后到武校学了5年竞技武术。2009年（14岁）接触太祖拳，之后便一直跟着师父修习。历经8年，终于2017年正式拜师入门，以师父关门弟子的身份成为太祖拳第10代弟子。他拜师时并不顺利："从2009年到2017年就是8年的时间，跟老师练了8年再正式拜的师，一开始是不收我的。""当时我想拜师时，师父已经70岁了，这么大岁数不想再收徒弟了。教我的就是套路，双刀、双钩、枪、棍等，但只是些套路，太祖拳的许多功法、练习方式、传承谱系等都没跟我说。因为主要就是说，你想练可以，但是他没有收学生、收徒弟的意思，也就不教你深的东西。到后来，这几年打全国赛、打河北省的比赛，拿了成绩之后，考察了

第四章　武术民间传承的社会维系

以后才……"从2009年练习，经过8年的相处与考察，2017年师父终于决定收其为关门弟子。收关门弟子，也是补充之前弟子传承的不足。师门弟子"年龄差距较大，有五十多、六十多的，关系走得近的也42岁了。因为徒弟年龄原因，有的传承不力，有的自己也不练了"，所以师父遇到较好的弟子，也会破例收下。关门弟子某种程度上也是最投入希望与期待的弟子。本案例中，弟子热爱武术，师父经过长期考察，已经具有传承能力，而且师父也看到弟子有文化，对发扬本门有热情，也有积极传承的行动力，师父自然对其产生希望。师父多年对弟子的考察也是在对其能否持续传承做考量。通过多年"只教不传"的考察，"坚持8年习武""打全国赛拿成绩""考上大学"，当徒弟既有天资，又有习武毅力，还有传承潜力时，师父看到本门传承的希望。遂为其入门做一定的变通，以"关门弟子"身份收入门下。收关门弟子也是师父维护师门秩序权衡协商的结果。H师父在面对其他弟子的疑问——为何收小徒弟时说："你也不传，另一个（弟子）也不传，再不收这个弟子这套拳就要失传了。"师父这里收关门弟子也是给其他弟子的一个信号，意为最后一个弟子，不再有后来者破坏师门辈分关系。

拜师后，师父带着徒弟增长见识，拓展社会交际范围。"他会带着我看各个门派的东西，认识各个门派的老师，老师会觉得这个门派、这个拳种的器械是比较好的，是属于可以跟这个老师学一学，交流一下内在的一些东西，或者说很巧妙的一些东西。"各门派交流也并不抵触。"因为老一代人他们的关系都特别好，包括我现在也在帮师父的同龄人一些个孙辈，我会去帮他们进行武术的学习。比如说八极门派的后代、燕青门派的后代，我去进行沟通，去帮他们学习别的东西，比如说太祖拳的东西，或者是其他门派的东西会进行交流，互相沟通。"师父会将其介绍给其他门派的师父认识，融入武术社交圈，让其他人认识到本门有后，以及门派间交流互动的联系，看到弟子如同师父一样，建立社会交往。而师父带着弟子参观各门派，如同学习与品鉴，开阔眼界，理解他门的技艺。在这个过程中，师父等于手把手教给弟子，弟子见习。门派间并不封闭与排斥，各门派师父会鼓励弟子学习有益的东西，补充提升本门。师父把门派发展的希望寄托在弟子身上，希望弟子发扬传承，革新升级。

弟子自己的定位是像师父一样，作为本门的传承人，做一个武术老师传承武术，教学竞技武术时也发展传统武术。弟子作为武术教师，在竞技与传统之间协调发展。当然，师徒传承仍然是必要的传承手段。

武术的民间传承嵌入社会互动中，师徒建立传承纽带将一门技艺延续下去。这份因技艺而结交的社会关系形成了情感，也延续了传承的责任。武术的学习全部都嵌入在关系中，融入武术的关系网络中，将弟子变成自己人，也就形成了确定性的责任与义务。也就是说，在社会关系连接的责任与义务中，传承武术技艺。不论是师父收徒的考虑，还是入门后将弟子介绍给其他门派，都可以看见师徒关系嵌入的社会因素。由传习各门武术技艺组成的武术社会，彼此相互沟通交流。将关系嵌入群体中，个体成为群体的一分子，保持社会关系的维系，保障传承。师徒彼此从教学聚合形成亲人般的情感，如同家庭的一分子。访谈期间，师父家里电话响了，师母就让弟子去接，而电话那头就是师父的儿子，弟子接电话是那么自然，通话如同自家一样，想必这种情况不止一次，彼此都熟悉了这种方式。那一刻，画面将电话那头血缘的儿子与电话这头师承的徒儿联系到了一起，呈现了师徒关系是如何融入家庭生活中的最好答案。当师父的儿子不在身边时弟子如儿子一般陪伴左右，与师父的关系超越了普通技术教学的情感联系。这也许就是传统武术师徒关系的真谛，彼此通过技艺的教学而结合，将对方融于自己的生活而亲近，在此基础上形成的师徒情感，进一步作用于技艺的情感，从而形成对传承技艺的责任。

三、个案三：从学校退守的师徒传承

W 先生，戴氏心意拳第七代传人，51 岁，公务员。

W 先生有自己的稳定收入，教拳只是自己业余的爱好。收了一些徒弟，但并不以此谋生。W 先生对本门武艺有着传承的愿望，所以在业余时间进行教学传播。W 先生的传承呈现非常明显的业余性，之所以说业余不是因为教学技术业余，而是指教学传承完全不同于武术馆校的教学模式。这种业余性体现在：第一，时间安排零散，属于工作之余；第二，训练场地随意，单位大院、小区楼下、公园广场，因地制宜；第三，教学规模较小，五六个学生教学，小群体活动。这种业余性教学因为成本小、教学灵活，在民间具有普遍性，是武术在民间常见传承模式。

当然，W 先生作为戴氏心意拳的传承人，有着传承本门技艺的愿望，并不局限于这种小规模、业余的传承模式，在非物质文化遗产保护活动的社会支持下，也曾将拳法向当地中小学进行推广，在普及人数上也取得不错成绩。然而，这条普及之路 W 先生并没有一直走下去，而是从广泛普及转向业余教学，看似倒退了，其实反映了民间传承的实践特性。虽然形式是业余教学，但却满足了师父"自主招生"的选材自由以及师徒建立传续关系的需求。

一方面，民间传承中对传承的诉求要求对徒弟有着一定的选择性。2018 年 8 月，在调研过程中，一对夫妇带着 8 岁左右大的孩子来拜师，姿态恭敬，等候师父近两个小时。这与我想象中培训班或学校普及的感觉完全不同。W 先生告诉我，他不想收这个小学生，我问："为什么？多收徒不是有利于普及传承吗？"他说："小学生性情不稳定，不是真心想学，都是家长送过来，学也不是自愿的，花费了很多心血最后却又不学了，不利于传承。"这确实有教育投入与产出的实际考虑，反映的是教了很多学生，最后坚持练习的很少，多次传承的失败经历让师父们开始转移注意力，寻找具有传承潜力的学生。另一方面，择徒而教又有着深层的原因。根据后来考察得知，W先生并非完全不收小学生，也有几个小学生成为他的教学对象。其中不是不愿教小学生，只是要看教什么样的学生，有个选择的过程。重点在"选择"上，这是非正式教育的关键所在。相较而言，他更愿意收自愿来学的人，甚至是成年人，虽然身体条件并不是最佳阶段，但他们出于真心，坚持传承下去的可能性较大。民间之所以可以传承，有一套自己的"实践理性"，这也是民间传承实践的实用特性，即根据传承的实际需要而采取灵活的行动。民间武术的传承并非完全以技术普及为重，表现在对学习者的选择与考察上在意技艺传承的有效性。绝不仅仅是理论上认为的"普及发展大而广"的传承就好，也有"择徒传承深而远"的传承优势。民间传承可能并不是我们理论上理解的那样"弱势"。今天大力普及，遍地开花的武术教育发展时，似乎"传承危机"也始终没有停止过。相反，民间武术中"师徒传承"却愈发显得"得人心"，在武术技艺与武术社会关系方面的灵活性具有传播优势。

师徒小范围传承也要应对失传的危机。民间师父采用的方式，一是多收徒，有了多个徒弟可以保障技艺传承的可能性；二是在有多个徒弟后，要精选，这就是长期考察的意义，不仅考察是否是可造之才，更考量是否能够坚持习练，将来有传承的潜力。正如W先生所说："我现在三年、五年、八年，不收徒弟也已经够了。我能把我的这一批人培养出来，起码说我这一师门在这个意义上已经断不了了。"在有了一些徒弟保证师门"断不了"的情况下，武术的普及推广并不是最主要的目的，如何能够保证这一支系延续下去，以及优中选优发掘精英，光大门派才是更重要的任务。

因此，民间武术传承有自己的逻辑，这种生存实践理性与我们常规认为的大力发展，普及传播观念不同。文化继承与创新也自有一套内生的逻辑，这也是武术文化再生产的"局内人"视角。择徒而教体现门户组织的责任人意识,而非学校教师的职业工作者。对组织负责,站在门户自己的角度,考虑的是能不能坚持,能不能发展与传承门户。民间拳师在择徒教学时,始终考虑的是弟子是否能传承技艺,实现技艺的长久发展,这可能就是武术门户传承的根本原因。

第三节 武术民间传承的稳定性维系

一、武术民间传承形式的灵活性

民间武术传承者灵活地利用不同传承方式进行传承,许多传承者综合多种方式进行传承工作。

从 S 先生的武馆来看,为了传承本门派的拳法,传承人可以通过开办武馆的方式进行传承,为维持生计,武馆也会进行竞技套路、散打、跆拳道的教学,保障武馆的运营。在本门拳法的教学上,也是按照集体教学保障教学效率。这些都是现代化的发展方式,传承人可以很好地接受并利用现代方式进行发展。甚至在传承内容上也可以将本门技艺灵活地改编为"竞技套路、传承套路(门派套路)",为普及推广可以进行灵活变通。但另一方面,排除这些外在传承形式后,传承人的真正目的是以现代的方式传承本门的东西,为保证本门武艺的传承,在现代教学之外,仍然会收下弟子。而且明确对弟子传承的期待。换句话说,传承人也知道,传承只能由弟子负担。"学生与弟子不一样"。在这种身份区分中显示出角色使命的不同。

M 先生的传承同样如此,即便在技艺普及发展很好的情况下,也会对师门谱系进行强调。其中暗含着师门弟子对本门技艺所担负的传承责任。"非遗成功了,本门的人没有了,(那还)不算是成功。"明确表明传承的角色任务,也反映出真正的传承是对"本门"社群的延续，只有延续特殊的群体，才能将技艺传承的生态保存下去。也就是说，只有社群生态的保存才能保证技艺的活态传承。

W先生的例子说明民间传承的实用性与策略性。对弟子物色与发掘，是为了更好地传承，保证传承质量。而且师父不是单线收徒，而是在进行了大面积的普及，或者收下了诸多弟子之后，有选择性地招收优秀弟子，在众弟子达到普及效果后，寻找优秀弟子是为了更好的发展。师徒传承择优而教的教育灵活性是民间传承保持有效传承的重要方式。

以上案例反映民间传承具有灵活性与实用性特点。在灵活性方面，民间传承会选择不同方式进行传承；在实用性方面，民间传承策略采用传承方式，目的是更好地传承。因为普及推广式的发展有一定局限性，传统传承方式既可以认为是落后的，传承效率低的，但另一方面却又是灵活的、有效的。在许多武术传习实际情境中，师徒传承有其自身的生存价值。时代变迁中，民间根据外在环境变化，灵活应对，因此可以长期传承。在传承过程中，选择性传承又可以增加传承的成功概率。

二、武术民间传承强调社会纽带

三个案例都体现出师父对徒弟接续传承的希望。在民间武术传承者眼中，"普及教学"与"传承"不是一回事，学生与徒弟的身份差异具有特殊意义。"拳学完了就走的是学生，没走留下来的是徒弟。"（2021年7月30日，河北沧州，太祖拳第十代传人，MZ先生）80岁的H先生（M先生的师父）说："我教过的学生很多，许多都是各个体育学院的，他们入学时候来一次，毕业时候来一次，中间来两三次，以后再也不来了。"（2020年8月17日，河北沧州，太祖拳第九代传人，HJT先生）言语之间可以感受到传承者对这种"教学关系"的失望。不仅因为学生与老师的联系少，虽花费教学心血却不能进行传承的失望，更在于这种因没能建立长久联系带来情感交往缺失的失落。"不拜师的话，我觉得传统的东西会越来越少，很多东西就没有了。二是这个关系的原因，顶多是算老师和学生，他算一种我给你钱，我在你这学你教我，没有什么联系，比如说我交了一年的钱，我练一年，第二年不交钱我不练了，我跟你没有任何联系，成为一种很陌生的感觉。"（2020年8月17日，河北沧州，太祖拳第十代传人，MZ先生）师徒建立的联谊关系是民间社会生活的情感需要，师徒不仅是教学关系，还进行着密切的社会联结。而这种社会联结满足社会交往的情感需要，同时也促进了师徒传承责任与热情的培育。民间师父对弟子的长期考察，对待学生与徒弟两种态度是普遍现象，这也是实际情况下的无奈选择。从民间传承的情况来看，任何师父传承发展本门武艺都是想要多收学生，增加传承的可能性，对应的逻辑是"学的人多，增加传承的可能性"。但真实的情况却是，普及教学了许多学生，大多是泛泛学习，"消费"心态为主，并没有看到实现传承的可能性。部分民间拳师被邀请进入校园教学，也只是起到开阔学生视野的作用，大多是教完就散的情形。一边是普及发展的热情高涨，一边是热闹散场后的失落。很多师父对初学者有抵触，就在于大多初学者将民间拳师作为获取资源的对象，让民间师父产生"他们从这里套一些东西就走"（2020年8月17日，河北沧州，太祖拳第九代传人，HJT先生）的被剥夺感。一个真正的传承者还是愿意投入长时间去培养弟子的。传统观念认为，师徒制"教学效率低""培养周期长"，这固然是师徒传承在普及方面的弱势，但另一面也应看到，"传承可靠度高"的实际有效性。师父通过长期考察建立信任情感，师徒建立长期关系，传承技艺成为师徒情感的延续。

民间拳师虽然会将武术进行普及推广发展，但还是离不开对"师传谱系"的维系。在他的发展思路中，技术与传承脉络是不可或缺的两个方面，而且在技术发展普及中，谱系的重要性具有重要意义。所以，在对待非遗发展的问题时，"技术申遗"与"断人断代"成为两个重要的价值指标。这体现出,"技术知识公有"与"社会关系私有"之间存在的差别与间隙。民间传承关心的是本群体的发展,且只有这门技术与群体归属时才能表示发展好。在民间武术的发展中,技术始终绑定在社群关系中,如果将技术独立出来进行发展,往往失去了民间特殊的保存土壤,消解了"民间"的意义。民间传承的关键在于社会纽带保持师徒接力的促进作用。这也是非遗保护中国家视角与民间视角的矛盾所在,官方发展武术容易忽视传承主体利益,这也是当今非遗保护工作强调"社区参与"的目的所在,一定要考虑到持有者群体的切身利益,才能真正保持传承积极性。正如学者所言:"文化遗产保护和管理一度只是国家机构和专家学者活跃的舞台,国家利益或遗产价值高于一切,社区实际上处于一种被'夺权'的境地:社区成员要接受'再教育',由国家或专家告诉他们应该怎样做,他们的遗产具有什么样的价值,以及为何要保护这些遗产等……因此,时刻警惕文化遗产保护中潜在的'夺权'风险,真正将社区作为'赋权'和平等对话的文化基础,才能真正理解社区参与在教科文组织公约框架和实践体系内的核心地位。"[①] 在此意义上来讲,对于武术民间传承的社会意义阐释,正是建立在尊重文化社区实践基础上的认知,只有对文化实践者的行动保持充分认知,才能在文化遗产保护中更加接近实际,也更加具有实践指导价值。

三、武术民间传承的继承与变异

文化传承的灵活性体现出文化生命力的坚韧,文化遗产的传承方式绝不是固守不变的单一模式,师徒会根据实际情况进行主动调整,唯一不变的是将技艺延续下去的实际需要。古往今来武术的民间传承变的是形式,但内在传续的意义世界始终存在。反过来说,正因为有

---

① 朱刚. 从"社会"到"社区":走向开放的非物质文化遗产主体界定[J]. 民族艺术,2017(5):42-49.

内在传续的信仰存在,所以具有灵活的适应性。一方面,民间采用不同的发展形式进行传承,绝不死板,不论是大规模馆校传承还是小规模师徒传承,只要有利于传承都可以并存;另一方面,不论传承形式怎么变,传续的根本诉求不变。这对"变"与"不变"的辩证关系构成了武术在民间传承的活力底色,也是民间传承生命力顽强的表现。武术传承中社群的"文化认同"与"历史意识"构成了群体凝聚与存续的核心价值体系。在传承过程中,不论采取什么样的形式进行传承,始终是群体对技艺的纵向传递守护文化家园。技艺与群体谱系构成了传承的认同基础,在对应外在变化时,既可以灵活地采用不同形式的方式传承,也可以保持内部群体发展的不间断。

当武术传承进入文化变迁的现代化轨道,武术的民间传承有着自身特点,对于现代化中出现的问题具有纠偏作用。"现代化的力量就像一柄巨大的铁锤,无所顾忌地砸向所有旧的机构——氏族、村庄、部落、地区……"[①]现代性最大的问题在于"流动性"带来的"不确定性",面临"认同感匮乏与身份感模糊的困境"。"确定性总是要求牺牲自由,而自由又只是以确定性为代价才能扩大。但没有自由的确定性与奴役无异;而没有确定性的自由也与被抛弃和被丢弃无异。"[②]师徒关系形成的联系带来"确定性"给师徒双方有了情感的依赖。师徒因技术传授缔结关系产生连带情感,最终传承不仅是一种技术传递,还寄予了师徒情感上的认同与归属。武术的民间传承已经不仅仅是技术传递问题,而是围绕技术教与学形成的社会关系问题,是持有技艺的人际互动关系,折射出现代社会人们维系确定性情感的需要。

---

① [美]大卫·雷·格里芬. 后现代精神[M]. 王成兵,译. 北京:中央编译出版社,1997:13.

② [英]齐格蒙特·鲍曼. 共同体[M]. 欧阳景根,译. 南京:江苏人民出版社,2007:18.

武术传承形式上的诸多变化并不是主要因素，重要的是武术传承中对师徒关系的不变。这种不变是将个体纳入关系谱系形成群体认同。民间传承试图形成一种传承"确定性"，将徒弟与师父绑定在师门的关系中，师父对徒弟考察，多年的相处，对弟子传承具有自身的期待。师徒变成"直系继承"的方式，师父与弟子保持关系，在情感上联系，在世系上接续。师徒关系的融合形成超越技术教学，彼此嵌入对方生活，成为亲人。直系关系的建立是维护门派技艺的保证，直接的关系连接使个体负有直接责任，出于情感的联系，弟子对师父的责任与情感，将技艺保存与传承下去。而对本门技艺的传承如同转交的责任，师父考察物色可托付之人，正是这种"宁愿失传也不滥传"的守持，让技艺传递增加了难能可贵，得传之人倍加珍惜，从此技艺传递中便带着一份厚重的情义，既有对技艺得来的师徒恩情，也有将这种情感作为师徒关系的模板延续下去。

第四节　本章小结

本章用三个案例展示武术在民间传承的形态与意义世界。在时代变迁中，武术在民间的生存形态以及在时代变迁中的"变"与"不变"。民间传承，就其发展路径而言，可谓双轨并举、继承与创新并存：既有守成传统师徒传承之方式，在小规模的精耕细作中体现其顽强的传承意识与文化坚守，如拳场传承；也有积极融合现代发展方式，主动顺应时代发展大力拓展本门技艺的传播与扩散版图，而反映其与时俱进之变，如校园传承、非遗传承。就其实质而言，武术文化的民间传承不论外在传承形式如何变化，始终不变的是内在传续内涵。如太祖拳传人有言道："如果申上非遗，本门的人没有了，（那还）不算是成功。"（2018年8月17日，河北沧州，太祖拳第十代传人，MZ先生）

在传承创新的同时，民间传承仍不忘对门户传承人的强调，坚持以继承为基础。看似双重变奏，其实是坚持门户继承主旋律不变。

第一，其师徒关系与师生关系并存的双轨制，既表现民间传承的灵活性与策略性，也反映民间传承的内在活力。民间传承不是被动消亡，而且采取积极策略应对。不论外在形式如何变化，内在意义世界始终不变。反过来说，因为内在不变，对外在形式就没有束缚，只要能够传承而不拘于形式，这就是传承驱动力的表现。

第二，不管外在传承形式如何与时俱进地进行校园化传承或非遗化传承，师徒传续均为不可或缺的一部分存在，也是形式多样传承方式变奏的主旋律。民间传承形式多样的发展方式都是师徒传承的变种而已。其中寄托的深层内涵是群体对历史的诉求，即对文化根脉的归属心理，是一种文化信仰。

第三，武术民间传承仍然延续传统经验，不仅以建立师徒关系的紧密性强化传承双方的情感联系，而且也以此作为民间传承的生命力所在。民间师徒传续始终存在，以直系继承的方式进行关系的融入，获得确定性。面对学生的流动性与不确定性，师徒可以最大程度上保持一种确定性，这是因为关系连接的紧密性。民间传承的生命力就在于人的关系的存在，技艺在关系中生存与传承，这是民间的活力所在。只要有人有关系，就有传承责任与使命。民间传承是靠着关系的延续而保障技艺的继承。师父找弟子，弟子对师父负责，保持着垂直的责任联系。技艺不仅仅是物质性的技术，而且嵌入关系中成为人际的联系纽带。反过来说，人际关系存在，技艺就能存在。师徒守护的是群体，师门是技艺延续的保障。民间对师门的认识，本门没人了不算成功。也就是说，对传承的认识，传承一定是社群、师门的延续，师门社群对技艺的延续与推动。师门世系的延续，关系谱将人群联系起来。多个个体联系在这个纽带中。

第五章 结论与反思

武术如何在民间延续？武术在民间的传承方式如何？这是本研究追问的问题。笔者认为，武术的民间传承不仅是技艺的教学普及，更在于文化社群的延续。不仅是教学问题，更是社会问题。相较于学校传承的技术教学，民间传承的方式在于将技术融入社会关系，技艺的传承在社群的延续中得以完成。群体成为技艺的保存容器，人因技艺而结合，技艺在人的聚合中延续发展。因此，民间传承是一个借助民间社会保存与延续技艺的过程，是一种社会生产的形态。民间武术传承问题也是武术社会再生产问题。武术社会的再生产不是个体散点式的自由发展，而是在社会结群的门户空间中进行单位化发展，门户成为武术社会发展的支点。门户形成世系谱系产生历史使命感，促使师徒进行传续。

第一节 结论

一、门户是民间传承的重要阵地

门户是文化传承的共同体，师徒组建门户之家，在门户中保育武术，保障技艺活态传承，门户成为武术在民间传承的重要阵地。武术的民间传承围绕门户形成了"一个主题，两个任务"。一方面，武术的民间传承以延续师门支系为主题，各师门支系的延续组成武术民间社会延续的基石。非遗保护中相较于普及推广技术，民间武术人更看重延续师门谱系。因此，即便进行武术普及教学，民间武术人仍然将师徒传续作为不可缺失的传承手段，徒弟被寄予延续门户的希望，是延续门户技艺的忠实力量。另一方面，门户进行"传承主体"与"传承对象"的再生产，以"非亲而亲"把外人变成门户人；以"相异相生"在他者与我者的参照借鉴中发展门户技艺，完成武术的传承任务。门户成为武术民间传承的基本实践单位，正因门户的延续发展才保持了民间技艺的历史延续。

二、师徒传续是民间传承的运作机制

门户传承谱系赋予师徒"权责一体"的代际身份与角色使命。师徒传递与接续成为武术门户延续的合作机制，维系武术传承链条不断。社会身份赋予传与续的责任，是对师门社会谱系的再生产。师徒传续不断的社会结构，保存民间活态传承不断，传续是传承的内在逻辑。师徒文化身份传续构成了武术民间传承的核心内容。师父通过收徒为师门延续选拔培养继承人，赋予身份责任与使命。师徒接续不断是民间活态传承的根本所在。非物质文化遗产较好的保护途径是让武术技艺在民间"活起来"，师徒谱系的社会延续保持了技艺活态流动。因此，武术的民间传承因"接班的火炬手"之传递与接续而实现技艺的活态传承。

三、师徒代际责任伦理是民间传承的持续动力

武术的民间传承模式是"一代传一代"的社会接力，师传—徒续的代际责任关联成为武术世代延续的持续动力。师门支系的纵向延续核心在于师徒形成"传递—接续"的代际责任，因此，师徒形成传续的代际责任伦理成为武术传承的文化语法。师父传递技艺责任与弟子对师父的接续承诺构成武术民间传承持久动力。

四、师徒传续责任形成于身份意识塑造，产权意识确立，历史意识自觉

武术的民间传承以身心纹刻为基础，以门户人的身份转换，完成传承意识的塑造。武术民间传承形成多元一体的家族相似性，门户技艺分配给弟子，弟子携带基因推动门户发展。一方面，技艺分散到弟子身上，铭刻于弟子身心的门户技术，承续门户进行集体保存；另一方面，弟子继承并创新，推动门户品牌建设，发扬门户个性。

五、直系继承是民间传承的社会保障

武术民间传承的特点是直系继承法。师父将弟子作为本门延续的希望，弟子认识到自己是师父传人，彼此直接关联上下承接，保障传承的有效性。一方面，师徒紧密相连建立稳固的直系传承关系，保持传承的确定性。另一方面，师徒保持垂直的承接关系，对师父负责与承诺支撑着弟子传承行动，维系传递与接续链条不断，保持传承的连续性。民间传承中进行师徒传承与师生传播的双重变奏，师徒传续是传承的主旋律，直系继承始终是保障传承牢固有效的有力措施。

第二节　研究反思与展望

一、武术传承研究思路的反思

在当今人人言说、处处提及传承的时代，政府传承、学校传承、媒体传承、商家传承……蔚为大观，似乎一切活动都与传承相关。但是或许我们应该反问，如今哪一项活动不是传承呢？如果传承作为一切事物流传的共性，那么武术传承的个性为何？教育固然作为传承的普遍共性存在，但如果仅以教育为言说路径，怎么解释民间武术传承

与学校武术传承的区别？民间传承特点仅仅是教育方式不同吗？……其中问题不在少数。因此，探索武术传承的个性就应该是武术传承研究的出发点，这也是尊重传统，继承文化遗产的表现。

由此出发，武术传承研究可有两种思路上的拓展。一者，对武术传承个性的深入探索，发掘武术传承特殊的经验。武术传承延续不断的历史经验为何？如何继续保持与维系下去？这既是学术探讨的理论课题，也是文化传承实践需要的现实课题。二者，传承是动词而非名词，作为动态的行动，应关注传承的过程。从过去对"传承结果"的关注转变为对"传承过程"的关注，这种研究的特点是，它可以避开文化传承的结果叙事（较多关注"传承了什么"，而缺少对"如何传承"的关注）带来的研究同质化问题，也可以克服文化传承对策研究趋于泛化的不足，传承过程更加重视传承活动本身，对传承动态实践的把握有利于观察武术文化传承的微循环，因而具有更为宽广的论域与可深入开掘的空间。如此才能发现探索传承规律，为更好地认识与理解武术传承实践服务。

二、武术非遗传承与保护的反思

从文化社会学的角度来看，武术的传承是由武术持有者社群进行的再生产活动，这种再生产活动，不仅是技术的继承与创新，而且是社群关系延续构成的社会再生产。基此认识，武术非遗传承与保护可以进行三方面转变。

（一）建立群体视角，从社群延续的角度探索武术传承实践

以群体视角理解武术传承会促发观念上的转变。武术传承不仅仅是"技术"培训与"拳种"推广，也不是一两个官方认定的"非遗传承人"的个别行为，传承应是"群体继承人"的集体实践，是群体行动的"总和"。文化普及推广保护时，应看到社群的传承主体作用与

功能。社群构成民间武术传承的基本生态空间。他们都是文化"遗产化过程"不可或缺的参与者。民间传承以群体方式进行，理解民间传承时应有群体视角。门户是理解民间武术传承的一把钥匙，是一个连接武术传承微观与宏观的中观概念。武术文化传承保护，简单来说就是保护"人"（传承主体）与"技术"（传承内容），即习练某一拳种的人与拳种技术的再生产。过去武术传承研究以技术保护为中心，但如果没有"习练拳种的人"，那么保护武术技术却无法保护传承。这也是民间武术传承人所说"如果申上非遗，本门的人没有了，那还不算是成功"（2020年8月17日，河北沧州，太祖拳第十代传人，MZ先生）的原因。要实现武术的"活态保护"，必须将"技术"与"群体"结合起来，而武术传统运作模式中则是通过"门户"得以实现。门户将分散的武术个体凝聚成群，再将群体汇聚为流派。门户在微观上是技艺传承人培育的教育基地，负担着武术社会人力资源的延续；在宏观上门户是技术流派的保存与发展单位，没有门户作为连接而谈拳种保护，只能沦为技术机械性习练。传承主体与传承内容的问题是非遗保护的基本主题。门户单元是连接微观与宏观的轴承，是衔接武术传承的转换器。

当今文化遗产保护强调的社区参与，注意到文化持有者组成的特定社群在文化传承中的重要性，就是看到文化社群对文化传承与延续的主体意义。在文化普及推广的外部干预式发展时，更要重视对传承主体的保护，不能破坏传承的环境。文化普及推广保护时，应看到社群的传承主体作用与功能。社群构成民间武术传承的基本生态空间。他们都是文化"遗产化过程"不可或缺的参与者。中央美术学院乔晓光教授指出："教学科研单位是广义上的传承人，而在狭义上却只是一个技术而非'情感'的接受或传播者，因此教学科研单位无法替代社区在非遗传承中的作用，只有立足传统的基础上才能发展现代生活，延续非遗的生命。"① 武术门户是武术传承社群的基本空间，没有门户就没有社区参与。门户背后是技艺持有者群体，传统文化中社群传承的意义与非遗保护提倡"社区参与"如出一辙，均强调文化持有者对自身文化的认同与传承实践。武术的非遗保护过去只是对"技术"的继承，尽量抢救、保存技术，但忽略了传承主体的群体生态。首要表现就是给民间拳师带来的剥夺感。从民间学习技术，对技术继承，但将携带技艺的主体排除在外。在对民间武术传承的建议对策中，将焦点也只是放在技术上，割裂了传承群体的连续关系。特别是对"门户""门派"的否定与批判，没有给予传承生态应有的重视。在大面积普及中以保护的名义来学习的行动与武术挖掘整理类似，成为物态的静物，失去了传承的动态生机。其次，对技术的重视，将武术传承变成了技术临摹，形成技术培训，产生了"有技术无传承"的现象。再次，政府对非物质文化遗产保护存在有限性。政府主要发挥的作用还是在"抢救与保护"，对即将消亡以及受到重点关注的文化遗产进行保护，而此外的大部分文化遗产，仍然需要依靠自我发展。武术社群此时便是延续武术文化遗产的最直接发展主体，武术各个门派、门户、师徒担负起传承的任务。我们可以说，在所有国家政策无法直接扶持的情况下，因为有这些武术社群的存在才维系了武术的发展与传承。他们极富生命力，如灵活的纽带将武术代代传承。这些承载延续文化的主体习练、传承武术，形成的情感与责任维系着武术的传承与发展。总之，国家只能作为政策提倡，宏观指导，而真正将文化传承落到实处的仍然需要具体的武术个体和社群来完成。

（二）对传续责任的关注

从某种意义上来说，传承就是文化在社会成员代际间的纵向传递。

---

① 马千里，孟令法. 现代化进程中的非物质文化遗产保护——"中国·成都2015非物质文化遗产国际论坛"综述[J]. 民间文化论坛，2015（5）：118-121.

◎ 武术民间传承的社会机制——以师徒门户传承为考察视角

纵向传递是维系社会连续发展，实现文化累积的基础。中国武术师徒代际身份传递，保持传续责任链条完整，保障了武术技艺传承不断档。师门谱系赋予的历史责任使师父为延续本门技艺主动寻找能够担负传承任务的弟子，弟子则带着历史使命感为本门技艺延续奉献力量，师徒的传续责任与使命是维系民间武术代代相传的生命纽带，也是保持武术社会延续的动力所在。费孝通先生在讨论中国文化内在动力时说："中国社会与文化的活力在世代之间……继承性应该是中国文化的一个特点，世界上还没有像中国文化的继承性这么强的。"[①] "世代"形成的历史责任意识是中国人社会行动的动力，也是社会发展的根本活力所在。历史传续是中国文化的普遍行动伦理，也是中华优秀传统文化保存与延续的精神动力所在，这本身就是民族文化的宝贵遗产，应当予以重视。马克斯·韦伯曾以新教伦理形成的"天职观"作为资本主义社会行动的价值源泉，成为把握西方社会的一种认识理路。以此作参照，中国社会行动伦理如何？中国人的行动动力源头是什么？回答这样的问题，思考中国社会运行的根本，终究离不开中国人对"历史"的执着。中国人存在于过去（祖先）、现在（我）与未来（子孙）的历史意识之中，代际传续寄托社会继替"生生相续"的历史自觉，成为社会变迁中相对稳定的恒常，是中国的"社会底蕴"[②]。可以说，"历史意识"是中国文化的根本所在。中国人的行动伦理建立在文化生命的历史延续之上，社会行动的意义也以历史评估作为价值导向。中国武术师徒制的文化意义恰恰在于师父与弟子形成代际传续的"天职观"，即代际传递使命与承续责任的行动伦理，以代际接力延续社会再生产生生不息的历史责任意识。因此，师徒制不仅是技术传授模式，更是

---

① 费孝通，李亦园. 中国文化与新世纪的社会学人类学——费孝通、李亦园对话录[J]. 北京大学学报（哲学社会科学版），1998（6）：3-5.
② 杨善华，孙飞宇. "社会底蕴"：田野经验与思考[J]. 社会，2015，35（1）：74-91.

一种文化传承制度，是传统文化生态中的传承法则。今天，武术非物质文化遗产保护、非遗传承人保护所作的努力根本目的在于从可持续发展角度出发，保护与维系文化传承的纽带，这就要求传承保护工作不仅要做到外在"授予荣誉"与"资金援助"[①]，更要重视内生传承纽带的建立与维护。文化遗产保护不仅要"保护传承人、培养传习人"，更应"尊重传承制度，激活传续责任"，这才是武术文化遗产中真正的"非物质"部分，也是文化传承活力与根本动力之所在。

（三）关注文化遗产传承与保护的文法

麻国庆认为："非物质文化遗产应该包括文化的表达与文化的'文法'。文化的文法应该包含附着在物质文化遗产与非物质文化中文化表达上的理念和价值判断。非物质文化遗产保护应建立在'无形'民俗文化和'有形'民俗文化遗产共同保护的前提之上。"[②]刘魁立先生指出非物质文化传承的内容为："非物质文化遗产不可能单独地作为一种意识形态而存在，它总是要通过相应的物质载体表现出来，然而，我们更要关注的并非这一遗产的物质层面，而是隐含在物质层面之后的宝贵的精神内涵和历史传统。"[③]强调的是支撑文化遗产延续的精神层面。日本著名工艺家柳宗悦就将"民艺运动"的宗旨定位于寻找日本国民性的高度，旨在透过民间技艺看到本国的文化传统，更好地认识自身，为更好的发展服务。这既是文化自觉的体现，也是文化自身

---

①牛爱军. 从非物质文化遗产视角对"传统武术传承人"保护问题的探讨[J]. 武汉体育学院学报，2008（10）：52—55.

②麻国庆. 非物质文化遗产：文化的表达与文化的文法[J]. 学术研究，2011（5）：35-41. 麻国庆先生认为，非物质文化遗产应该包括文化的表达（如艺术、音乐、文学、宗教、戏剧及影像视觉、听觉、味觉所表达出来的文化的信息等）和文化的文法（如感觉、心性、历史记忆、无意识的文化认同、无意识的生活结构和集团的无意识的社会结构等）。在此基础上他提出非物质文化遗产的传承与保护要达到文化形态与文化心态的统一。

③刘魁立. 论全球化背景下的中国非物质文化遗产保护[J]. 河南社会科学，2007（1）：25-34，171.

发展的需要。今天民间武术的保护应重视群体世系传承的历史意识，历史就是文化资源，内化于社群内心的历史意识就是文化遗产。在文化传承和文化传播中，一脉相承的文化根脉接续，使追根溯源的文化情怀得以彰显，"后继有人"的文化传承观念是中国文化延续发展的历史遗产。这种历史底蕴、历史意识来自群体延续形成的文化谱系。这是武术民间传承的历史智慧与经验。历史是一种精神支柱，具有终极意义的信念。"中国人的历史意识具有某种程度的宗教性。"① 在中国，历史具有宗教信仰的作用，可以超越物质、超越现世，对事业孜孜以求的价值支撑与精神寄托。文化传承的根本在于建立文化认同，以及历史意义。在历史意义中生发文化传承的社会担当。民间传承的根本在于通过社会关系的联系形成了集体认同的"家园意识"，在认同基础上形成文化继承与传续责任。

三、正视武术师徒传承弊端，呼吁建立新型师徒关系

武术师徒传承存在弊端，如人身依附、出主入奴、门户之见、教学留一手等问题，限制了武术的传承与发展。面对这些问题，需要转变师徒传承观念，建立新型师徒关系。以"文化传续"理念反观当代武术师徒传承，有必要进行问题的检视与观念的变革。"身份"问题是理解师徒传承与学校教育关系的核心。师徒传承不应视为学校教学的形式对立面，它自有存在的社会使命。师徒制度于教学之外还担负传递文化身份，维系社群延续的任务。师徒传承构成武术社会的再生产纽带。因此，坚持以"传续关系"为中心是发挥武术师徒传承价值的关键所在。然而，深受"双边教学"思维影响，当代武术师徒大多围绕着技术教学形成了师徒"保守与泛化"的两极关系，制约了武术传承。一方面，师徒关系过于保守，"自秘其技"导致武术传承不足。在"双边教学"思维影响下师徒关系被定位于"单传"，过分夸大教

---

① 高希中. 历史意识的宗教性 [J]. 山东社会科学, 2011 (3): 38-45.

学神秘性，为"秘而不传"提供了生存土壤，增加了"自秘其技"的保守倾向。过分强调"教学"还让师徒成为技艺的"竞争者"，异化为行业竞争关系，产生"教会徒弟饿死师父"的保守思想，师父对徒弟"留一手"导致传承过程中技艺的流失。另一方面，师徒关系过于开放，泛化为技术消费淡化了传承。当技术教学作为师徒关系唯一内涵时，师徒容易异化为商品"供应"与"消费"关系，师父只是为了经济利益提供技术指导服务，全然没有传续门户学脉的文化品质；徒弟只是为了消费，无从谈起传承的责任与使命。武术师徒互动异化为技艺的商品交易，"一对一授课"的教学形式成为劳动力商品标价的"广告招牌"，如同聘请俱乐部"私教"的价目表，标明师父教学的交换价值。或许我们应该考虑这样的问题，师父是否等同于私教？师父与私教的区别为何？当师徒关系异化为"购买服务"，意味着技艺生产与消费成为"传—接"的终端联系，割断了"接—续"再生产的责任链条。在此背景下，看似繁荣的技术推广与普及，实则因师徒关系的平面化而淡化了传承。这也是传统武术师徒遵循"技可传，不可售"的缘由所在。当然，这并非绝对地排斥经济活动，而是提醒"师徒"不可忘记传递与接续的身份责任与文化使命。

至于以往武术师徒传承持有的"教学"中心观，对师徒关系的认识与理解偏差问题，师徒重视"技术教学"而忽视"代际传续"，缺乏对身份责任的关注，忽视彼此在文化传承中的"角色使命"。不明晰师徒责任与使命易导致"不愿传"的保守倾向；不确立师徒代际传续的角色身份多形成"不知传"的局面，没有纵向延续的使命与责任为价值皈依，师徒传承难免泛化为平面的技术培训。武术师徒制不等于武术学徒制，更不等于私人教练制，当我们强调"师傅"（作为技艺持有者的称呼）时，也就将"师父"（作为社群再生产者的称呼）的社会意义埋没于技术培训的误区之中，忽视其社会再生产的文化品质。因此，武术传承需要转变观念，建立新型师徒关系模式，引导师徒传承沿着文化传续的轨道发展。

第一，革新师徒关系理念，建立多边互动关联。重新定位师徒关系是优化武术师徒传承的关键。首要之义在于增加师徒关系思考维度，以多边关系为中心，自觉将群体谱系纳入考虑范围转变师徒传承观念。从过去的师父与徒弟二元关系转变为有第三方（如师门组织）参与的多边关联，师徒不再是个体层面的互动，而是关联到整个群体谱系的延续与发展。师父收徒弟，不再只是传统意义上的双边教学互动，而是引领徒弟进入师门，是师门人力资源的发展方式。由此，师徒关系不只是技术上的培训，还进一步指向培育承接延续门户的接班人或传承者。这与师徒双边教学关系在目的上存在明显区别。在这种观念下，武术师徒需要在群体世系的多边关系中评估自身价值，积极为师门发展延续而谋划。实际上，民间武术的拜师仪式正是将这种多边关系以仪式性的方式进行呈现，拜师的直接目的是弟子入门，师父接引弟子加入一门艺业的群体组织，个体在群体中具有了集体的价值追求与发展方向指引。师门谱系编织的多边关系，激发师徒代际责任关联，师徒藉此成为建设师门的传续共同体，形成武术集体传承的良性发展模式。以此观之，今天我们或许需要重新认识拜师仪式。因为拜师仪式不仅仅只有伦理教育价值，更为重要的是拜师所缔结的社会关系具有延续门户的社会再生产意义。

第二，重塑师徒角色意识，明确纵向代际关联。处于多边关联中的师徒生发代际接续的历史责任感与使命感。师徒的价值意义在群体延续的历史中得到评估，具有代际转换的谱系意义。因此，需要重塑师徒的角色意识，明确师徒是师门延续"代际接力的合作者"。弟子是师门技艺的继承者与未来的延续者，而不是技艺的"同业竞争者"。新型师徒关系建立在师徒共同传承技艺的基础上，师徒应从"教学型团队"发展为"研究型团队"，共同建设文化共同体。师徒双方需要以本门技艺的学术脉络传续为中心，明确自身延续群体谱系的历史责任，在思想观念上改变师父"不愿传"的问题，从而主动选择接续者，保持师门人才链条的完整与延续，保障文化传承。

第三，强化师徒身份意识，突出传续责任担当。师徒代际传承的本质是技艺所有权的接力，师徒身份象征着师门继承权的传递。师徒传承的社会本质是师门责任身份的"代际接力"。师父教授弟子技艺的同时也赋予其接续师门的文化身份与历史使命，权利与责任同在。因此，师徒互动应突出传递与接续的责任与使命，自觉担负师门谱系赋予的角色使命，改变"不知传"的问题。于师父应积极传递，注重培养"接班人"的身份意识，赋予历史责任与传承使命；于弟子应主动接续，明确传承身份的权利与责任同在，享有继承权利的同时，也有延续推动本门发展的责任与义务，积极承担文化传承的历史使命。

四、非遗传承与校园传承的展望

民间文化传承的历史经验启发我们，在文化传承与保护过程中，需要建立文化认同，也要塑造历史意识。特别是建立对历史的追溯能力以及历史延续的责任感。历史意识是宝贵的文化资源，对于激活文化传承活力具有重要意义。充分利用发挥历史意识对文化传承的积极意义，也是文化自觉的体现。

武术文化遗产是一个动态的过程，即遗产化过程，因为"人"的因素，而使遗产的"物质性"形态或载体具有了"人为"附加与累积的价值。武术技艺因人的传续产生"时间"意义，历代人为作用的成果成为技艺文化价值的一部分，技艺因此具有了历史的厚重感。历史的附着与演化还表征一种进化的意义，即经过历史考验而流传下来的技艺，必定有着更为深刻的内涵与值得发掘的价值。因此，对于武术文化遗产的历史性包括两方面：一是技艺历史本身就是文化资源有着"文物"的价值；二是技艺流传中因人的参与而形成的历史价值，文化持有者生成的历史意识是无形的宝贵文化遗产。正如今天非遗传承人对本门拳艺的历史熟记于心，历代师父传续的历史构成了技艺价值的累积。这些构成了武术技艺的"生命史"，构成了文化遗产的一部分。文化传承过程中需要建立文化认同，也要塑造历史意识，特别是建立对历史的追溯能力以及历史延续的责任感。师徒传续组成根系脉络，让文化源流发展长久而清晰。根脉意识是形成文化自觉，发扬传承文化的真正动力。当代武术传承应建立文化认同形成历史接续机制，即文化的历史特性。今天的技术普及时，不能成为"无根之艺"，自觉建立技艺的传承谱系，形成技艺的历史深度。

  师门的意义不仅是空间性的群体，而且还有时间性的谱系。武术民间传承应考虑横向的群体与纵向的谱系两个面向。武术民间传承的本质在于将个体纳入群体关系产生群体认同，并由此生发历史意识。民间传承的特殊性在于历史延续的持续性，强化对历史的延续意识。在师门谱系中形成代际责任，师传—徒续构成武术传承的共同体，维系着武术的纵向传承。对民间武术传续社会文化意识的认知与尊重是保护文化遗产的根本，只有唤醒内在意识，尊重传续意识才能真正做到将传承落实到实践层面。传承并不只是对技术的普及推广，也不是政策奖励的推动，根本还在于传承者对自我身份的认同，社会对传承的共同认同。对于非遗的保护，应该透过文化遗产传统发展的形式来探求文化传承基因。学校教育中不仅要普及技术，而且要指导学生理解武术文化传承的内在理路，只有这样才能让学生实现"同情之理解"，也只有作为文化遗产的"知情者"，在充分理解文化魅力的基础上才能实现对文化遗产的认同感与自豪感。既要成为一个技术上的接受或传播者，也要成为"情感"接受或传播者。不能简单地把武术作为一种技术形态，而是要把它当成一种文化遗产，作为一种文化传统，是一种活态存在于文化生存状态中。

附录

访谈提纲举要

您怎么看待徒弟拜师？作为师父，弟子拜师入门时候，您有什么感觉？对他有什么要求？

作为弟子，您当时觉得拜师前后有什么区别？

作为弟子，您拜师后除了在教学内容方面有差异，其他还有什么不同？

为什么要举行拜师仪式呢？这个仪式的重要性在哪里？

不拜师可不可以？拜师与不拜师的区别在哪里？

有传拳的责任感吗？什么时候产生的？这种责任感是一种什么样的想法？

在条件艰苦的情况下，为何还坚持传拳？

是什么想法让您觉得要把这套拳传承下来？与拜师有没有关系？如果不拜师会传拳吗？

平时教拳，"徒弟"与"学生"有区别吗？

老师在收徒的过程中，有没有技术上的标准，或者是选材上的标准？

您师父的这一支系与其他支系相比有什么显著的特点，或者说是区别吗？就是在外形上或者是功法特点上，等等。

您平时和徒弟都怎么保持联系？

您和同门师兄弟之间平时相处机会多吗？各自的特点是什么？

本地是否还有其他门派？若有，彼此关系如何？如何互动？若没有，是否与竞争排斥有关系？

访谈材料节选（一）

访谈人物：戴氏心意拳第六代传人

访谈时间：2018年8月6日，周一，20:13—21:25

访谈地点：山西祁县

问：您现在教徒弟还会分"入室"与"不入室"吗？

答：会。现在给我磕头拜师的徒弟，也有南来北往的、打电话找来的，你那么远来，我能拒绝你？你住在祁县了，我也可以教你。你想了解的，我也可以告诉你。但是你不可能一下子学会。你有多少精力要投入到这个事情上？但是徒弟就不一样了，互相之间就有了责任和义务了。你学到什么程度，我教你到什么程度，咱们中间就有了约定。学员就不一样，你来了我就教你，你走了我也不管你。

问：拜师，对徒弟和对师父意味着什么？

答：按我的理解，就是责任与义务。就像两口子结婚一样。你不结婚在一起生活也有，也行啊。但是结婚之后，共同的就是责任和义务。

问：之前，听这里的师父们说，你是我的徒弟，如果你学艺不精被打败了，就会有损师父的颜面，而学生不会有这种顾虑。

答：是的。徒弟在外面受欺负，师门要共同为你做事情呀。但是，我的观念就相对放开一些，你拜我为师了，我并不是要分我的门里徒弟，出去和其他老师不能学。这种思想从我这里就要给它斩断了。可以，你可以去学。可能现在还有一些师父比较传统，还做不到。你是我的徒弟，你跟别人学了，我就不理你了。起码从我做起吧，我想破除这种问题。

问：您平时和徒弟都怎么保持联系？

答：刚开始的时候，你得来啊，学到一定阶段的时候就互相联系。比如说我有时间，你没有时间来，我就可以去找你。

问：您会选择固定的时间和徒弟保持联系吗？还是不定期地联系？

答：不定期的。根据徒弟的学习情况。但是你在前期，你必须来，不来的话，你怎么跟我学？因为老师毕竟就一个人，老师针对的人多了。你针对了这个，不针对那个，也不对啊。

问：您会规定徒弟多久来您这里呢？

答：一批一批的。比如说，这一批跟我学一年的、三年的、五年的，可能那个学了五年的一年见一次就够了。你这一年真心练了，师父看你一下，就知道你哪不对了，哪应该再补救。但是，你刚学第一年，那就是你自己的成形，你就没来，我不可能去找你呀。

问：所以，平时您主要是在技术层面上与徒弟保持联系。

答：技术上这种分层面的交流，效率更高。起码我个人觉得，我个人需要这样安排。

问：练拳的过程是很枯燥的，很多人练着练着就会放弃。

答：对呀，这个可多了呀。所以说我不愿意随便收徒弟就在这。祁县一句土话叫："寒心"嘛。实际上对方也是寒心，他为了来学习这个拳，他要牺牲多少时间，多少精力，多少东西。最后，他没学成，你说作为咱急不急人。师父也着急，师父这么多年了，一个好徒弟也培养不出来。但是，学的对方，人家还埋怨你呢。我把孩子交给你了，或者说成年人投资了这么多的时间和精力，最后也没学出个结果，那图啥了？

问：那您有什么措施，第一不让他们流失，第二继续保持这种练习的热情？

答：那个就叫随缘。因为我已经够了，我现在三年、五年、八年，我不收徒弟也已经够了。我能把我的这一批人培养出来，起码说我这一师门在这个意义上已经断不了了。

问：平时师门有集体活动吗？

答：有的。比如说，今年我写的书出来了，我就要组织我的徒弟们搞一个读书分享会，然后所有的徒弟都得来。来之前，我就告诉每个人，必须每个人都得发言，每个人都必须练功（展示）。你来之前，你要把家里的一切事情处理好。你从哪来，你都得有时间的。然后，我在收新徒弟的时候，必须和大徒弟进行商量，这个人应不应该收，他为什么要学。

问：收徒的时候，要跟您的徒弟商量？

答：对，必须商量。如果他们不同意，咱也不能收。

问：这个也好像是个传统。

答：那必须的。人家大徒弟就在那坐着了。因为我们就是这个传统。我师父那时候就是，人家大徒弟就是这样嘛，主你师父一多半的事。大徒弟的水平不一定比师父差。选这个大徒弟是非常难的事情。因为他要相随你一生的。

问：大徒弟会不会将来继承师父的事业？

答：以后的不好说了，咱也说不上来。但是，我的想法是要让每一个徒弟都学到他应该学到的东西。那要看个人的天分。

问：大徒弟是不是就是"掌门人"的意味？比如说，师父不在，就是大徒弟说了算。

答：现在就存在这种现象。因为你毕竟学艺时间长，或者功夫好，后学的还没有能超过他。等到有好几个小徒弟，他的师弟，可能会说我就不服我的大师兄。比如说，我有一个徒弟现在开封，他是当空降兵的。

问：那出现这种情况，师父怎么处理呢？

答：我觉得这就不是我的事情了。我就退出这个江湖了。（笑）我就封了。我有一个想法，我到60岁的时候，就绝对不会再收徒弟了。因为就没必要了。我的徒弟，我在收徒弟的时候，我就跟他们说："等到师父看到你收徒弟的那一天，就是我大成的那一天。"我就不需要收徒了，我就站着看你发展就行了。

问：作为一个家长也好，作为一个老师也好，都不愿意看到自己的孩子、学生相互之间闹矛盾，你怎么处理这个问题？

答：到现在还没有存在这种情况。因为他们还没有达到闹矛盾的地步。因为无论你的学识、你的技术，无论如何也比不过你的大师兄。所以，我选择徒弟的时候，一批一批地选，第一个就得有年龄层次的区分；第二，有一个工作水平的区分。把他形成一个自然的团队，像接班人一样。咱在单位，大小也是一个领导。跟选择人一样嘛，跟安排工作一样嘛。你要有序地去安排。你选一批就是一批嘛。但是中间肯定要有好的衔接，然后一批接一批。

问：您是当领导的，在单位是搞管理的，您就很会处理这种安排上的关系。

答：对，我在脑子里面就会铺开这个事情。

问：您会给每个人提前做好规划，每个人有每个人的位置。

答：对，提前做好规划。我在掌握手里这批人的时候，我心里面就有想法。

问：作为师父，您在建设师门的时候，会不会提前立一个规矩？

答：在入门的时候，他们都会磕头然后念拜师帖。拜师帖上面就写得清清楚楚。就是戴家拳流传下来的"三教三不教"，那些拜师帖上写得都很清楚，你有辱师门，皇天后土知道了你就自己作贱，你就好像发毒誓一样。那是你自己念的，每一个徒弟我都有录像。录像都要给你，你自己去看。你练不练，练成练不成，那是你自己的事情。反正我的责任是尽到了。但是，我的想法就是只要你练成这个东西，达到你要追求的目标就行了。因为每个人追求的目标是不一样的。比如说我的有些徒弟，他们说："师父，我就是锻炼了身体。我是搞金融的，或者搞什么别的，就是长期在办公室工作的。通过练习这个功法，我锻炼了我的身体。我就行了。我就不会在技术层面上再往高深了去追求。"但是，作为武术必须有一批以技术为核心的人才，没有这些，你什么养生，就没有了，你就成了其他的东西，不能代表你这个拳种。

问：您对"入室弟子"怎么理解？就是徒弟可以到老师家里学拳的意思吗？这个"入室"是什么意思？

答：我对这个没有考证。但是我觉得，徒弟和入室弟子之间还是有区分的。入室弟子就成为像自己的亲人一样。他就不分里外，随时随地，中间就没有任何的隔阂。我们去师父家里之后，人家给我定的是啥呢？就是他去世以后，这个应该是他生前定下的，最后能穿他孝服的人，能给他拿棺材前头那个橡子的人，人家都有规定。

问：就是可以抬棺的人。

答：对，可以抬棺，可以拉绳的人。就是我师父走了以后，我们就过去，大概是18个，就已经给你做好那个孝服了。

问：这个是师父生前就制定好的，他指定的。

答：他特意指定的。别人是没有资格穿那个孝服的。

问：他为什么那样？是老一辈都是那样吗？

答：我认为那就是入室弟子。

问：老一辈人都会那样吗？

答：其他人咱不知道啊。起码我师父，我都录像了，我是知道的。

问：以前说"徒弟如儿子"，儿子就要给父亲养老送终的。

答：对。这个在我们的这个拳里，做得还是相当好的。其他门派的都一样。人家有一个侄女，你（侄女）不用参加。

问：所以，他指定你们给他披麻戴孝，就把你们当儿子了。

答：对，就是把你当儿子了，这样你才有资格站在那里。

问：当时有几个人？

答：我记得好像是18个，我没有具体数。

问：那就是关系很近了，那就不是一般人了。

答：是的，不是一般关系了。当时，我们也不知道啊，一进门，一见那个场面，有人接待你，就有人把那个孝服给你了。我一看，唉，怎么跟别人不一样？

问：说明主持的人已经有这个名单了。这个肯定就是老师指定的了。

答：肯定是老师指定的。不然你随便拉也没啥意思。比如说，我的那个书上说，我师父有一百多个徒弟呢。但也有的徒弟走得比他还早。有的你就是挂名的，挂名弟子。你是不是学到了他的真本领？你继承了他的技艺没有？人家老汉（师父）心里面都有数。最后，他老人家病重在床的时候，我们几个徒弟去的时候，每人都要在他面前展示一下动作。最后他还能看到你练的啥，还要再告诉你动作。

问：就是在他非常虚弱的时候，还要求你们练。

答：要求我们每个人都练。告诉我们，你还要朝哪练，朝哪个方向努力。

问：这一点好多老武术家是这样的，让人尊敬。

答：对，好多都是这样。他就是遗憾（不能传拳了），他在想我的技艺是不是都传完了。这就是我师父的高明之处，所以他现在的威望就很高。也许其他老师父也是这种，只是咱们不知道而已。

问：之前也看到过这样的材料，老师父在临终前让弟子再练动作让他看。

答：因为他要针对你每个人的特点，比如说我身材偏瘦，他（师父）就要我往轻灵的方向去练。比如说我师兄，他的功大，师父就要求哪一套拳需要加功。

问：他会这么点拨你们。这个就是在最后的时候。

答：就是在最后叮嘱。我觉得他有个心愿，就是叮嘱你不要荒废了这个武艺，你既然练这个武艺，不要到最后就不练了。我觉得主要意义在这了。

问：就是这最后一下，给你们点拨一下，还提升一下。

答：你感动不感动吧？刚才我说的时候，我还心里激动呢。我也没想到。

问：是的，挺感人的。他最后给你们提醒的东西，就是你们终身所带的特点。

答：你一辈子也忘不了这个场景。

问：技术特点他也给你讲了。

答：是，你就要那样。

问：所以，你一辈子的技术特点就是那个样子。

答：对，所以你的技术特点就是这个样子，你不可能鸡蛋碰石头，你永远都不行，这个不现实。

问：师父在平时教学的时候，已经根据个人特点，把这些都融进去了。

答：是的，都融进去了，所以会形成不同的风格。因为你掌握到一定层面的时候，比如说你达到一定层面的时候，你会形成自己独特的学术观点和风格，我就认为这样可更高效、快捷地把我的技术传承下去。

问：这是老武术家高明的地方。

答：所以说，为什么传统武术能够代代相传，像血脉一样不灭，它就在这里。

问：父亲对儿子的叮嘱。

答：血脉相连。我师父有句话说得就好，"我们天下武术是一家，人不亲还艺亲"。就像咱们，我是练武的，你也是练武的，我们素不相识，一下就合到了一起，这不马上就有凝聚力了？

访谈材料节选（二）

访谈人物：太祖拳第十代传承人

访谈时间：2020年8月17日，15:00—17:00

访谈地点：河北沧州

问：如何拜入门下？

答：2009年在东体育场那边有一个武校，当时我们教练是女教练，怀孕了生孩子，我们教练与老师的儿子是朋友，把老师请过去带了一年课，我正式接触太祖拳就是2009年了。教练坐完月子回来了，正式给我们上课，老师就回家了。一开始也只是练很简单的东西，一路拳，也没有说很快地就是进行拜师。到了2017年的时候，跟老师练了8年再正式拜的师，这才收的我，一开始是不收我的。

问：一开始不收你为徒，后来为什么又收下了呢？

答：师父当时已经70（岁）了，这么大岁数不想再收学生了。教我的东西就是套路，比如说长拳、双刀、双钩、枪，但是很多内在的东西，包括太祖拳，它一个功法、传承、练习方式都没跟我说。因为主要就是，你想练可以，但是他没有收学生、收徒弟的意思。到后来，这几年打全国赛、打河北省的比赛，拿了成绩之后（才愿意收徒），现在一想这个就像考察一样，考察后觉得可以。比如他老和我说，就是有的学生，你不知道他为人情况，光练是一方面，武术做人也是一方面，要不考察的话，他不可能轻易收你。所以说这也是这几年一直在考察我，一是成绩，二是通过各方面，比如说我是武校的教练，包括我在家里的情况，从各方面的做人，做事来考察我，最后磕了头，举行了拜师仪式，磕头—奉茶—递帖。当初我给老师磕头之前的那几年不愿收我的原因，一是老师的年龄大了；另一个是我与其他徒弟的年龄差距太大了。因为出去介绍的时候，明明是年龄差距很大，但是你要喊师兄，他喊你师弟，他就会很不高兴。这个是师父和我明说过的，因为收你为徒，会与其他五六十岁的徒弟成为同代人，他们会不乐意。人家说，老师您都这么大岁数了，再收一个小的关门徒弟，和我们一代人，就有些不合适了。老师在收徒弟的时候，他会考虑到自己前面学生的这个因素。

问：磕了头之后，又教了你些什么？

答：磕了头之后内容当然不一样了，比如说重要的一些使用方法、练习方式，包括传承方式、传承人、传系表都会教给你。

问：拜师后除了在教学内容方面有差异，其他还有什么不同？

答：关系就不一样了。关系就会更近更亲，师父和徒弟的关系，他肯定是不一样的。因为他通过长时间考察我，到现在我磕了头之后啊，这么多年了，一是认识得更熟，二是互相知道，我知道老师为人是什么样，他会知道我为人是什么样，所以他会有感情在里面，带我见更多的东西，介绍各个门派、拳种的前辈，会互相认识。没有拜师的时候，我是没有机会跟老师出去的。

问：老师带着你去见其他门派的目的是什么呢？

答：见面就是去交流。我这一门派有了后代的传承人，需要去和他们（师父）这一代其他门派的人交流。让各个门派的人承认你，认识你。就是不能让人家说："他们这一门派后面没人了"。后代人大家都不是互相认识、都不熟，或者说谁都不承认谁，就很难再把武术去融合、去沟通。

问：师父会带着你见识各门派的技术？

答：他会带着我看各个门派的东西，认识各个门派的老师，老师会觉得这个门派、这个拳种的器械是比较好的，可以跟这个老师学一学，交流一下内在的一些东西，或者说很巧妙的一些东西。

问：师父为什么让你去学这些东西呢？按想象来说，你把本门的东西学好就行了。

答：因为这是对自身的提高，因为你在每一代人传承的时候，是需要你当代人去革新的，你不能是吃老本，我师父怎么教的我就怎么传。你不可能说100年传承下来，比如说100年传承三代人，不可能是一模一样的，太陈旧了，东西会被淘汰的。

问：别的门派如何看你们来学？

答：因为老一代人他们的关系都特别好，包括我现在也在帮师父的同龄人一些个孙辈之类的，我会去帮他们进行武术的学习。比如说八极门派的后代、燕青门派的后代，我去进行沟通，去帮他们学习别的东西，比如说太祖拳的东西，或者是其他门派的东西会进行交流，互相沟通。

问：他们也会让自己的小孩去学你的东西？

答：对，慢慢地去学，去交流。

问：你是通过师承方式传习的武术，现在又在学校中接受的武术教育。怎么处理两者关系？

答：我现在就是尽量把传统与竞技较好地融合在一块。

问：你将来传承会按照传统方式收徒吗？

答：这要分实际情况，我以后作为传承人，如果没有正式拜师递帖的学生也是不合适的，因为按照老一代的传承方式，收学生必须递帖、敬茶、磕头，这是最老的方式。

问：你将来会带徒弟吗？

答：肯定会带的。我在教学过程中，经过长时间的教授与练习后，一方面是老师的意愿，一方面学生有意愿，结合之后会去想这个事。

问：你师父对你最大的期待是什么？

答：我俩隔了好几十岁，他希望以后我能在沧州或者是往外面更好地发展太祖拳，没有别的了，他希望在我之后还能有人，因为我是第10代，可以有11代、12代……继续往后传，后继有人。

问：你对你自己的角色有什么样的期待？

答：以后能在这个地区先把这个发展下去，其次就是做一个武术老师。在教这个竞技武术的同时，要发展一下传统武术。

问：沧州太祖拳现在发展有什么样的问题？

答：传乱了，拳法流失严重。

问：你觉得你们这个太祖长拳，怎么传不会乱，拳法不流失？

答：最基本的要把你传系表弄清，师父是谁，师爷、师太爷是谁，要全、要写清楚，你的传系表要写明。

问：你们如何看待传系表？

答：传系表是每一代师父口述下来的，通过口述的记载，这些老师们，包括他们的师兄弟之间的关系。

问：当你出现在这张表上的时候，你是一种什么样的感觉？

答：我觉得这更多是一种责任，因为我现在是最小的，相当于第10代我是小的，因为再往前第10代或者是第9代，他们都上年龄了，像我师父这样的，他希望能发展，能传承，有11代、12代后继有人。

问：当看到这张表的时候，前面是你师父，后面是你，非常直观。

答：你会产生一种很大的责任感。我希望能继续在后面添加弟子，能继续往下传，这是最好的一种情况。

问：申遗对你们会有影响吗？

答：太祖拳之前的谱系不完善，没有人去整理这些东西。习练内容、传承分支很乱，整理之后你需要发掘的东西，主要是去传承它，往后继续发展。至于说非遗，无论是否申请为非遗，都需要你本门的人去革新发展。

问：你想申遗吗？

答：我想做，我现在正在做。

问：你觉得申报非遗就能成功了吗？

答：我觉得非遗只是对于传统的一个名誉，成不成为非遗对于你这个传承并不是说就一定具有好的发展，可能说，你今年成为非遗，十年之后，你这个门派可能就没人了，那还不算成功。很现实！我成为非遗了，我没有得到更好的发展，这个不怪别人，怪你本门的人。我成为非遗了，我自己放任自流了，我不管了，这怪自己不能怪别人。比如说我没有成为非遗，我就是自己一代一代地往下传，也非常好，我能保持自己的东西，保持自己的传承，我没有断人断代。

问： 怎么样的传承算是成功？

答： 你自己不能忘记本门派最根本的体系，这个体系包括，打法、练法、拳术、器械、传序，需要完整地把这一套东西传递给下一代人。现在我正在做的就是这个，必须把这些形成文字、形成图像，需要配套，我只会练，但是我不会讲，我不会用不会展示，根本是没有提高空间的，你就没法做更好了。人家问了啊，比如说你这个东西练得特别好，你落在书上，你形成书，你如何去教学，让大家都看得懂这个文字。

问： 作为第10代传承人，你认为怎么样才叫把这套拳传好？传承工作做得好？

答： 一是在理论上，我觉得最起码要形成文字，形成书面文字。二是在练习方法上，最主要的套路形式，拳和器械都要给下一代传承人去练习的。三是他要知道他的传承谱系，他需要知道他的师父、师爷，他往上各个辈分都是谁，他需要知道他这一支的人，分清楚，以至于以后遇到同门知道是什么关系，比如说师兄弟、师叔之类的需要分清什么关系。还有就是挖掘传统武术的本质，它有一些技击的东西，就是需要去练习。

问： 你还写东西？

答： 写一些太祖拳的内容。

问： 是什么样的东西激发你写这些问题？

答： 师父天天跟我说，口传，我记载提炼有用的东西，包括看书，书里面有一些内容，你觉得需要挖掘出来，然后整理出来、要成体系。

如果是有时间有能力的话，或者你见得多了，会自觉地想整理一些东西，比如说一个动作有四个名称、有三个名称，你需要去写清楚，或者是一个名称，有好几个动作你也需要去记载。所以说你要去理清楚它的练习方式、套路理论、拳理，你必须要自觉地往下发掘。

问：你能感受到师父对你做的这一切，这种安排？

答：我能感受到他对我有很大的希望。他希望能在老年期间，趁着身体还比较好的情况下，能更多地把这个好东西、有用的东西教给我，然后希望我在以后工作或者是学习的情况下，能在这个地区或是好的情况下往外面更好地传播。

问：你有没有想过你的师父为什么会有这么大的动力来传承？

答：因为他们这一代人没做好，比如说他的两个师弟，传承人也不是很多，包括他们的后代，他们的儿子、孙子也不练这个，徒弟也不多，一些徒弟也在上了岁数之后不练了。

问：他做得不够好，是他跟你说的还是……

答：他们自己说的，他们对自己师父，就是我师爷，他们对自己师父的这个希望、嘱托是没做好的。

问：他们当年对师父有一个承诺？

答：对，在师父走了之后，我作为传承人，我能往后更好地发展，他们自己说自己做得不够好。所以把希望一代代地寄托下来。

问：这个不够好，就是指没有培养好的传承人？

答：没有培养好的学生，没有把好的东西传承下去，有很多东西都失传了。比如说很多套路，很多好的技击形式，巧妙的招数都没有了。

问：对他们来说，没有培养好的徒弟传承下去是最大的一个遗憾。

答：对！一个遗憾。

问：他现在做的这些，你能够感受到他的一种期望？

答：对，就是期望你以后怎么样，有能力可以怎么样。

问：你也是默默地兑现自己对师父的责任？

答：我觉得既然你学了这个东西，你磕了头之后，不是说就比学生和老师的关系更近，你需要去继承他的意志，他需要你怎么做，他对你的希望，你不能轻易地辜负，因为他也是练了一辈子的人。

问：不拜师的话，你觉得问题在哪里？

答：我觉得传统的东西会越来越少，很多东西没有了。这顶多是算老师和学生，他算一种我给你钱，我在你这学，你教我，没有什么联系，比如说我交了一年的钱，我练一年，第二年不交钱我不练了，我跟你没有任何联系，成为一种很陌生的感觉。

问：这种关系现在是常态，你如何看待这种关系？

答：我觉得，如果是普通的武术教学的话，这是一种正常的模式，但是如果是传统武术的话，这就是一种不好的形式。如果想要很好地传承的话，你就必须有一套正规的流程，你需要去和老师经过长时间的相处，然后学习，到最后承认了之后，你的递帖、敬茶、磕头，然后包括带领你去见同门师兄弟，还有别的门派的老师，让大家都认识你了，最起码是认识你、了解你，然后你去传承你本门的东西。

问：你刚才说如果不拜师，传的东西会越来越少，为什么？

答：因为关系淡。如果不拜师，他不会把好的东西都教给你，就是说我这老师知道1到10，他教给学生就1到7。到后来也是越来越少，他会有保留，很多老师就有老的观念，他就想保留，不想再往下教你更多。比如说老一代人还有家传，这个东西就我们家有，不许往别的家或姓氏去传，隔教的不传。

问：这是以前老一代的做法，你作为年轻一代，还会这样吗？

答：我觉得传统的这种拜师形式还是需要继承。

问：你带学生的时候，因为他没有拜师会少传东西？

答：如果是长时间相处的话，没有拜师也是可以多教他的。因为你是需要他，你不管他以后练还是不练，你当时觉得这个人不错，我就想把东西交给他，但是我希望他往后传承，他虽然没有磕头，后来

◎ 武术民间传承的社会机制——以师徒门户传承为考察视角

他不练了，他不做这方面的，那也没办法。

问：可能磕了头之后，他是真正要有一种责任去传承。

答：对！因为距离会更近，他会接触得更多。

访谈材料节选（三）

访谈人物：通背拳第三代传人

访谈时间：2021年7月30日，10:00—11:30

地点：河北沧州

问：您现在带了多少徒弟？

答：连这个村上和市里的还有外地的，天津、北京、温州算起来得有百十来个了。

问：都拜师了吗？

答：没有，像正式的拜师这一块，必须慎重，得必须是这个苗子。

问：您是考虑……

答：对，将来以后他要继承这一块。

问：您是把徒弟和学生分开的？

答：学生只能教初级到中级这一块，到了特殊的东西了，你要把这个交给徒弟。学生们出去表演，表演的东西是归表演的，实质的东西是实质的。

问：平常教学的时候会在一起吗？

答：全在一起教，但是教特殊的东西，完事以后在背地里教。因为武术从古到今相当保守，好的东西老人带走了很多。所以，从前到现在，不是传人的人，好的东西我不教。

问：这样的徒弟学下来您要手把手教的。

答：对。

问：有没有学生变成徒弟的呢？

答：有啊，要看他是不是这个苗子，要在这些学生中间寻找好的苗子，你不是好的苗子，我教给你，全练走架（糟践、走形）了。收徒弟不是平白无故地收。你给人家磕头，你给人家多少钱，人家都不教。因为你不是这个苗子，将来会砸人家的牌子，所以这个东西需要保守。

问：一般学生来了您只教套路？

答：需要他们去表演，去比赛。你看我去香港，带6个徒弟，拿了7块金牌。

问：您现在也是想着把师父的东西传下去？

答：对，因为我师父正式的这点东西往下传。将来好让他们顶门立户。

问：您当时为什么想要把这个拳传下去，您师父那时候很保守的，他都没有想要把这个拳传下去。

答：我师父说了，你将来教不是正式的徒弟，不是你我这样关系的，好的东西不要教，可以教套路。是自己人了，好苗子了，你不要保守。因为要把咱这个东西传下去。

问：师父当时也让您传，但要区分人。

答：对，一般的学生有几个能考上大学的。

问：其实并不是说保守，而是要找到那个苗子，那个对的人。

答：就像过去学艺一样，不是一个人全练出来。嘛叫练出来，没有练出来的。永远练不出来，因为你要通过实战，到社会上历练才行。并不是说师父教你的这个东西就好，不是这回事。

问：像您一样，要自己实战能用，要创新。

答：通过实战来验证，我这个东西干嘛不行，回来以后通过师父讲解。在言传身教中往深处讲，还要在自己悟，才能出好的东西。

问：师父那时候告诉您也要往下传，您在收徒弟的时候也在贯彻这个宗旨，遇到好的苗子要传，哪怕不收费，也要传下去。

答：对啊！

问：你现在这些徒弟都收费吗？

答：徒弟不收，学生收费。

问：为什么学生收费呢？

答：当初我在这刚教就不收费，这些孩子也来，大人也送来了。他们不重视，今天愿意来就来，明天不高兴了就不来。

问：您一开始办这个武馆就不是想靠它挣钱的，而是想靠它传承的。

答：因为你看，我本身是市里人，我买的这块地方盖的这个楼。当初，我没想到在这盖楼，这是我天津的大徒弟给我花钱盖的。连买地皮，盖楼都是他掏钱，花了98万元。

问：他当时给您盖这个就是想让您开武馆吗？

答：不是，他们经常去我家里。想活动活动，想讲讲练练。在市里没有地方，全是小区，所以后来说，您看看哪个村行，咱们弄块地方。因为说了好几年，我不愿意沾人家的光。他们说盖完以后，我们上这来，好有个地方练练。所以，我买了这块地方。

问：您最初的想法是有这个地方了，去盖个武馆？

答：当初我没想开武馆，他们上这来呢，带着他们过来活动活动。盖房的时候晚上我自己在这活动，对门人家有个外甥。他舅舅看了好些日子，回来以后找我。说，你会练武术？我说也就是瞎练，反正也练不好。他说你把我外甥教教。我说我不教。

问：您没开武馆之前，要不就不教，要不就教徒弟？

答：教徒弟我在市里教，后来（对门舅舅）一直和我说我才教了，从2016年下半年开始的。慢慢地这帮孩子都来了。来了以后说给我钱，我说不要钱。后来，这个不来那个不来，我伺候你们玩啊？我让他们都走了。

问：后来才开始收费，收费也是象征性的是吗？

答：我一个月才收200元，市里面你看多少钱？市里面最少400元。

问：您收费是为了约束他们？

答：有这种意识，你交了钱了，晚上吃饱饭，大人就督促着来了。只有交了钱了！他们才会重视。所以呢，哎，也就象征性地一个月交点得了。

问：这边的武馆您经常住吗？

答：要是孩子开学，就是星期五、星期六、星期日我在这住。孩子放假我就天天在这了。孩子喜欢这个东西，你就必须对孩子负责任。不是说我收你200块钱我就光负责教学。

问：现在有几个学生了？

答：每天来差不多16个左右。最多的时候达到43个人。后来发现有的小孩体质不行，我就让他回去了。体质不行的也练不好。

问：您也是筛选的。这些孩子未来都很有可能会成为您的亲传弟子吗？

答：我计划今年下半年，把他们聚到一起，找几个好苗子，正式地磕头。

问：您的弟子有带徒弟的吗？

答：附近的市里有。我告诉他们教，但是他们没时间。没有好的人才，不要教。可以教套路，先练套路。回头让我过来看看，实质的东西，我看得过眼才能教。

问：弟子有一种责任。

答：如果是徒弟了，一定要对徒弟负责。将来出去跟别人说去了，谁谁谁是我的师父，谁谁谁是我的师爷。你得给你的门派增光。

问：当他们拜师的时候你要和他们讲，这是你师爷传下来的。

答：对，将来你要和人家讲。

问：你们这一支要追溯到郭建伟老师？

答：对，到我师父这一辈。

问：不往上面讲了吗？

答：从我这一辈到师爷郭建伟这一辈，咱们这一支，别的不管。

问：您会告诉弟子，咱们是一支。

答：光讲咱们这一支，别的不管。

问：你得为咱们这一支争光，说的时候还是存在师门的，要为师门争光。弟子们相互之间也会有这个意识吗？

答：没这个意识不行。

问：您的师父也会培养？

答：对啊，我说你们自己出去，将来走到社会上，避免不了要和别人过手，使用使用。我在这开馆也经常来人（试手）。我这个人从小好斗。

问：那您会告诉弟子之间要搞好关系吗？

答：我经常说，你们这些师兄弟们要比亲哥们弟兄还要亲，你们要互相尊重。你们全是从我这学出来的，基本上全是一样的东西。

参考文献

一、著作

[1][德]马丁·海德格尔.存在与时间[M].陈嘉映,王庆节,译.北京:生活·读书·新知三联书店,1987.

[2][美]保罗·康纳顿.社会如何记忆[M].纳日碧力戈,译.上海:上海人民出版社,2000.

[3][美]大卫·雷·格里芬.后现代精神[M].王成兵,译.北京:中央编译出版社,1997.

[4][美]欧文·戈夫曼.日常生活中的自我呈现[M].冯钢,译.北京:北京大学出版社,2008.

[5][日]沟口雄三.日本人视野中的中国学[M].李苏平,龚颖,徐滔,译.北京:中国人民大学出版社,1996.

[6][日]松田隆智.中国武术史略[M].吕彦,阎海,译.成都:四川科学技术出版社,1986.

[7][英]安东尼·吉登斯.现代性的后果[M].田禾,译.南京:译林出版社,2000.

[8][英]齐格蒙特·鲍曼.共同体[M].欧阳景根,译.南京:江苏人民出版社,2007.

[9]Allen T D, Eby L T.The blackwell handbook of mentoring: A multiple perspectives approach[M].New York: John Wiley & Sons, 2011.

[10]Johnson W B.On being a mentor：A guide for higher education faculty[M].London：Routledge，2015.

[11]Scoot J L.Overview of career and technical education（4th ed）[M].Homewood：American Technical Publisher，Inc.，2008.

[12] 包亚明.现代性与空间的生产[M].上海：上海教育出版社，2003.

[13] 卞人杰.国技概论[M].太原：山西科学技术出版社，2011.

[14] 戴国斌.武术：身体的文化[M].北京：人民体育出版社，2011.

[15] 戴国斌.中国武术的文化生产[M].上海：上海人民出版社，2015.

[16] 段丽梅.武术身体教育之研究[M].北京：人民体育出版社，2017.

[17] 费孝通.江村经济[M].北京：生活·读书·新知三联书店，2021.

[18] 龚茂富.中国民间武术生存现状及传播方式研究[M].北京：人民体育出版社，2012.

[19] 韩瑜口述.徐皓峰，徐骏峰撰文.武人琴音[M].北京：人民文学出版社，2014.

[20] 黄俊杰.中国人的宇宙观[M].合肥：黄山书社，2011：143.

[21] 姜容樵.形意母拳（1930年世界书局影印版）[M].北京：中国书店，1984.

[22] 李文彬，尚芝蓉.尚派形意拳械抉微：第一辑[M].北京：人民体育出版社，2005.

[23] 李仲轩口述.徐皓峰撰文.逝去的武林[M].北京：人民文学出版社，2013.

[24] 梁漱溟.中国文化要义[M].上海：上海人民出版社，2011.

[25] 马力. 中国古典武学秘籍录（下卷）[M]. 北京：人民体育出版社，2005.

[26] 彭兆荣. 生生遗续 代代相承：中国非物质文化遗产体系研究[M]. 北京：北京大学出版社，2018.

[27] 钱穆. 中国文化史导论[M]. 北京：九州出版社，2011.

[28] 唐韶军. 生存·生活·生命：论武术教化三境界[M]. 北京：人民体育出版社，2016.

[29] 童旭东. 孙氏武学研究[M]. 北京：中国书籍出版社，2008.

[30] 童旭东. 中国武学之道[M]. 北京：中国文联出版社，2012.

[31] 王明珂. 羌在汉藏之间[M]. 北京：中华书局，2008.

[32] 王文章. 非物质文化遗产保护国际学术研讨会论文集[M]. 北京：文化艺术出版社，2005.

[33] 王芗斋. 拳道中枢[M]. 北京：北京体育学院出版社，1989.

[34] 王毅. 戴氏心意拳功理秘技[M]. 北京：北京科学技术出版社，2017.

[35] 吴文瀚. 武派太极拳体用全书[M]. 北京：北京体育大学出版社，2001.

[36] 吴莹. 文化、群体与认同：社会心理学的视角[M]. 北京：社会科学文献出版社，2016.

[37] 肖明翰. 威廉·福克纳：骚动的灵魂[M]. 成都：四川人民出版社，1999.

[38] 杨大卫. 身体实践与文化秩序：对太极拳作为文化现象的身体人类学考察[M]. 北京：光明日报出版社，2013.

[39] 杨国枢. 中国人的心理与行为：本土化研究[M]. 北京：中国人民大学出版社，2004.

[40] 张全亮. 八卦掌实战技法暨珍贵武林档案[M]. 重庆：重庆出版社，2010.

[41] 张载. 张载集 [M]. 北京：中华书局，1978.

[42] 赵世林. 云南少数民族文化传承论纲 [M]. 昆明：云南民族出版社，2002.

[43] 周建漳. 历史及其理解和解释 [M]. 北京：社会科学文献出版社，2005.

[44] 尊我斋主人. 少林拳术秘诀 [M]. 太原：山西科学技术出版社，2009.

二、论文

[1] 陈双. 形意拳的身体与灵魂：一项惯习研究 [D]. 上海：上海体育学院，2017：23.

[2] 龚茂富. 青城派武术生存现状及传播方式研究 [D]. 北京：北京体育大学，2011：13-32.

[3] 侯胜川. 门户视野下当代民间武术家的生存状态与发展研究 [D]. 福州：福建师范大学，2017：16-17.

[4] 侯胜川. 门户视野下当代民间武术家的生存状态与发展研究——以香店拳传承人为例 [D]. 福州：福建师范大学，2017：8-99.

[5] 吉灿忠. 武术"文化空间"论绎 [D]. 上海：上海体育学院，2011：30.

[6] 贾广强. 民间习武者的习武身份认同研究——基于临清潭腿（北京）的考察 [D]. 北京：北京体育大学，2015：25.

[7] 李旭. 中国传统武术拜师仪式的文化研究 [D]. 北京：首都体育学院，2013：11.

[8] 王巾轩. 师徒制下的武术文化传承 [D]. 北京：北京体育大学，2012：33-40.

[9] 武超. 民间习武共同体的文化生态保护论 [D]. 北京：北京体育大学，2017：30.

[10] 张兴宇.梅花拳与村落自治生活研究[D].济南：山东大学，2018：20.

[11] 赵景磊.梅花拳传承中的身份认同研究[D].上海：上海体育学院，2018：29-69.

[12] 周伟良.传统武术训练理论论绎[D].上海：上海体育学院，2000：23-30.

三、期刊

[1]Higgins M C，Kram K E.Reconceptualizing mentoring at work：A developmental network perspective[J].Academy of Management Review，2001，26（2）：264-288.

[2]Kram K E，Isabella L A.Mentoring alternatives：The role of peer relationships in career development[J].Academy of Management Journal，1985，28（1）：110-132.

[3] 白晋湘，万义，龙佩林.探寻传统体育文化之根 传承现代体育文明之魂——非物质文化遗产视角下民族传统体育研究述评[J].北京体育大学学报，2017，40（1）：119-128.

[4] 常建华.二十世纪的中国宗族研究[J].历史研究，1999（5）：140-162.

[5] 常琦，黄健.尚派形意 两代英杰[J].武魂，1999（7）：36-37.

[6] 程大力，刘锐.关于中国武术继承、改革与发展的思索——由武术门派的渊源成因看武术门派的发展走向[J].成都体育学院学报，1998，24（4）：21-25.

[7] 程大力.武术门派流派形成直接与宗法社会结构有关[J].搏击·武术科学，2007，4（7）：1-3，5.

[8] 程大力.武术与宗法传统[J].体育文史，1990（6）：42-44.

[9] 崔家宝，周爱光，陈小蓉.我国体育非物质文化遗产活态传承

影响因素及路径选择 [J]. 体育科学，2019，39（4）：12-22.

[10] 戴国斌，陈晓鹰. 门户：武术想象的空间 [J]. 上海体育学院学报，2009，33（3）：79-81.

[11] 戴国斌. 体悟：对武术的解释 [J]. 武汉体育学院学报，2001（1）：61-63.

[12] 戴国斌. 文化自觉语境中武术研究的探索与思考 [J]. 上海体育学院学报，2014，38（5）：65-69.

[13] 戴国斌. 中国武术传播三题：文化史视角 [J]. 上海体育学院学报，2016，40（3）：56-61.

[14] 邓正来. "生存性智慧"与中国发展研究论纲 [J]. 中国农业大学学报（社会科学版），2010，27（4）：5-19.

[15] 丁桂莲. 从民谚看中国古代职业教育中的师徒关系 [J]. 教育学术月刊，2012（6）：91-93.

[16] 费孝通，李亦园. 中国文化与新世纪的社会学人类学——费孝通、李亦园对话录 [J]. 北京大学学报（哲学社会科学版），1998（6）：3-5.

[17] 高希中. 历史意识的宗教性 [J]. 山东社会科学，2011（3）：38-45.

[18] 关晶. 西方学徒制的历史演变及思考 [J]. 华东师范大学学报（教育科学版），2010，28（1）：81-90.

[19] 郭玉成. 武术传承的文化空间 [J]. 武术科学，2007（2）：1-2.

[20] 郭志禹，郭守靖. 中国地域武术文化研究策略构想 [J]. 体育科学，2006，26（10）：87-90，94.

[21] 韩红雨，周嵩山，马敏卿. 传统武术门户准入制度的教育社会学考察 [J]. 广州体育学院学报，2013，33（5）：50-55.

[22] 韩建中. 武术拜师仪式 [J]. 中华武术，1998（6）：40.

[23] 洪浩. 以人为本保护武术文化遗产 [J]. 中华武术，2007（8）：56-57.

[24] 侯胜川,赵子建.武术门户的生成与发展[J].上海体育学院学报,2018,42(6):74-81.

[25] 侯胜川,周红妹.批判与辩护:武术门户概念的辨析[J].上海体育学院学报,2016,40(6):70-78.

[26] 胡俊.非遗传承人保护中"群体性缺失"问题的调查及对策研究[J].遗产与保护研究,2017,2(4):157-159.

[27] 花家涛,戴国斌.近世以来的社会变迁与武术门户空间再生产[J].广西民族大学学报(哲学社会科学版),2020,42(6):83-92.

[28] 黄俊杰,姜芃.中国历史思维的特征[J].史学理论研究,2013(2):127-133.

[29] 姜容樵.提倡国术怎样才能普及全民[J].求是月刊,1935,1(3):81.

[30] 金警钟.实验之谈[J].求是月刊,1936(10):333.

[31] 孔庆新.从三个领域的师徒关系研究探析"师徒制"[J].中国人力资源开发,2016(14):20-27.

[32] 李凤成.从师徒关系到约定契约:武术文化传承机制演变的价值审视[J].体育与科学,2017,38(3):32-37.

[33] 李吉远,谢业雷."文化生态"视域下传统武术的传承与保护[J].西安体育学院学报,2009,26(2):190-193.

[34] 李俊卿.师徒传承与师生教学在弘扬中华武术文化中的作用比较[J].南京体育学院学报(社会科学版),2004(6):95-97.

[35] 李泽厚.伦理学补注[J].探索与争鸣,2016(9):4-13.

[36] 李仲轩口述.李帼忠,徐骏峰撰文.李仲轩解析《象形拳法真诠》[J].武魂,2009(11):54-66.

[37] 廖明君,彭兆荣.生生遗续 代代相承——彭兆荣教授访谈录[J].民族艺术,2014(6):56-59.

[38] 林伯原.中国近代以前武术家向城市移动及对武术流派分化的

影响[J]. 体育文史, 1996（3）：14-16.

[39] 刘魁立. 论全球化背景下的中国非物质文化遗产保护[J]. 河南社会科学, 2007（1）：25-34, 171.

[40] 刘启超, 戴国斌, 段丽梅. 近代中国"武侠"再造与"武德"型塑之研究[J]. 体育科学, 2018, 38（5）：80-87.

[41] 刘启超, 戴国斌, 李文鸿. 中国武术师徒制文化传续论[J]. 上海体育学院学报, 2021, 45（8）：63-72.

[42] 刘启超, 戴国斌, 张君贤. 中国武术文化传承的群体实践研究[J]. 天津体育学院学报, 2022, 37（3）：316-323.

[43] 刘启超, 赵静. 门户·师父·师承：中国武术传承动力研究[J]. 河北体育学院学报, 2024, 38（4）：88-96.

[44] 刘锡诚. 传承与传承人论[J]. 河南教育学院学报（哲学社会科学版）, 2006, 25（5）：24-36.

[45] 刘永椿. 八卦掌的流派特点[J]. 武林, 1985（12）：15-16.

[46] 鲁鸿德. 陈发科北上教拳与"沟外人才群"的兴起[J]. 少林与太极, 2004（4）：46.

[47] 吕韶钧, 张维凯. 民间习武共同体的提出及其社会文化基础[J]. 北京体育大学学报, 2013, 36（9）：4-8, 18.

[48] 麻国庆. 非物质文化遗产：文化的表达与文化的文法[J]. 学术研究, 2011（5）：35-41.

[49] 麻国庆. 家族化公民社会的基础：家族伦理与延续的纵式社会——人类学与儒家的对话[J]. 学术研究, 2007（8）：5-14.

[50] 马虹. 陈长兴正宗拳架真传———一代宗师陈照奎的重大贡献[J]. 武林, 2004, 24（7）：6-9.

[51] 马剑. 保护武术遗产的思索与期盼[J]. 中华武术, 2007（9）：56-57.

[52] 马千里, 孟令法. 现代化进程中的非物质文化遗产保护——

"中国·成都2015非物质文化遗产国际论坛"综述[J].民间文化论坛，2015（5）：118-121.

[53] 马维娜."二代"是如何复制的？——代际传递的多文本嵌入及其现代演绎[J].南京社会科学，2018（2）：140-149.

[54] 马锡惠.形意大师尚云祥[J].武魂，1989（4）：27.

[55] 牛爱军，虞定海.非物质文化遗产保护视野下的传统武术传承制度研究[J].体育文化导刊，2007（4）：20-22.

[56] 牛爱军，虞定海.非物质文化遗产视野下的传统武术保护问题[J].文化遗产，2007（1）：144-147.

[57] 牛爱军.从非物质文化遗产视角对"传统武术传承人"保护问题的探讨[J].武汉体育学院学报，2008（10）：52-55.

[58] 钱杭.论汉人宗族的内源性根据[J].史林，1995（3）：1-15.

[59] 钱杭.世系观念的起源及两种世系原则[J].华东师范大学学报（哲学社会科学版），2010，42（1）：11-15.

[60] 钱杭.宗族建构过程中的血缘与世系[J].历史研究，2009（4）：50-67，190-191.

[61] 孙向晨.生生：在世代之中存在[J].哲学研究，2018（9）：113-125，128.

[62] 孙向晨.重建"家"在现代世界的意义[J].文史哲，2019（4）：5-14，165.

[63] 谭宏.在非物质文化遗产保护中克服"反公地悲剧"[J].江汉论坛，2010（9）：140-144.

[64] 唐韶军，戴国斌.梅花拳何以成为"义和拳运动"的主导力量[J].民俗研究，2013（6）：107-114.

[65] 田镇峰 讲演.吕岩岑 记录.省考纠纷之解剖[J].求是月刊，1936：34-36.

[66] 王岗，刘帅兵.中国武术师徒传承与学院教育的差异性比较[J].

武汉体育学院学报, 2013, 47 (4): 55-61.

[67] 王岗. 关注武术传承的主体: 人 [J]. 搏击·武术科学, 2006 (12): 1.

[68] 王红艳, 陈向明. 审视 "Mentoring-启导" 现象——国内外相关研究综述 [J]. 现代教育管理, 2010 (7): 103-106.

[69] 王巾轩. 师徒制下的武术文化传承——基于吴式太极拳师徒传承的个案研究 [J]. 上海体育学院学报, 2014, 38 (4): 89-94.

[70] 王林, 虞定海. 传统武术传承场域嬗变论析 [J]. 武汉理工大学学报 (社会哲学版), 2009, 22 (6): 149-155.

[71] 王林, 虞定海. 传统武术非物质文化遗产传承的困境与对策 [J]. 上海体育学院学报, 2009, 33 (4): 85-93.

[72] 王林, 赵彩红, 黄继珍. 传统武术传承的社会人类学解析 [J]. 武汉体育学院学报, 2010, 44 (12): 21-27.

[73] 王宁宇. 师承一事重千钧——中国画学中传统血脉的延续问题 [J]. 美术观察, 2008 (10): 11-12.

[74] 王智慧. 传统惯性与时代整合: 武术传承人的生存态势与文化传承 [J]. 上海体育学院学报, 2015, 39 (5): 71-76, 94.

[75] 王智慧. 价值理性与生存抉择: 一位武术传承人的个体存续史 [J]. 北京体育大学学报, 2018, 41 (2): 121-129.

[76] 王智慧. 社会变迁下的民族传统体育文化记忆与传承研究——沧州武术文化的变迁与启示 [J]. 中国体育科技, 2015, 51 (1): 81-95, 145.

[77] 温力. 重视血缘关系的家族本位思想对武术继承和发展的影响 [J]. 上海体育学院学报, 2002, 26 (4): 35-38.

[78] 吴文翰. 谈太极拳的流派 [J]. 武术健身, 1989 (2): 24.

[79] 武超, 王江鹤, 吕韶钧. 论民间习武共同体之生态保护 [J]. 上海体育学院学报, 2017, 41 (6): 84-89, 94.

[80] 武超. "民间习武共同体"作为传统武术保护对象的提出与保护[J]. 首都体育学院学报, 2017, 29(3): 329-243.

[81] 夏正江. 师徒制有效运作的关键要素解析[J]. 外国中小学教育, 2018(2): 54-62, 37.

[82] 邢莉. 谈非物质文化遗产的群体传承与文化精神[J]. 中央民族大学学报(哲学社会科学版), 2008, 35(3): 89-95.

[83] 徐语鸿, 严明. 师徒, 一半规矩一半路[J]. 中华手工, 2019(2): 42-45.

[84] 杨国珍, 段丽梅. 亲亲关系之"家"视角下武术门户的文化诠释[J]. 体育与科学, 2020, 41(2): 99-104.

[85] 杨经录. 历史意识: 思想政治教育学科发展的关键意识[J]. 教育评论, 2008(3): 11-13.

[86] 杨善华, 孙飞宇. "社会底蕴": 田野经验与思考[J]. 社会, 2015, 35(1): 74-91.

[87] 杨宜音. "自己人": 信任建构过程的个案研究[J]. 社会学研究, 1999(2): 38-52.

[88] 杨征. 论非物质文化遗产"代表性传承人"保护政策中"群体性"的缺失[J]. 云南社会科学, 2014(6): 89-93.

[89] 尹凌, 余风. 从传承人到继承人: 非物质文化遗产保护的创新思维[J]. 江西社会科学, 2008(8): 185-190.

[90] 于述胜. 也谈人文社会科学研究的"历史意识"——基于教育研究的理论思考[J]. 教育研究, 2012(1): 53-58.

[91] 禹生. 为国术家尽一忠告[J]. 体育, 1932, 1(1): 2.

[92] 袁红涛. 在"国家"与"个人"之间——论20世纪初的宗族批判[J]. 天府新论, 2004(5): 119-121, 130.

[93] 袁强. 学校师徒制的价值及其转型: 从规约到契约[J]. 教育科学, 2016, 32(6): 47-50.

[94] 袁勤.武术传承方式的现代教学论诠释[J].体育与科学,2009,30（4）:38,97-99.

[95] 远卫.练拳如同修碉堡——牛胜先谈拳艺[J].武林,2001（1）:14-15.

[96] 张昊,李翠含,吕韶钧.民间武术传承与学院武术教育的冲突与融合[J].体育文化导刊,2017（12）:150-154.

[97] 张静.案例分析的目标：从故事到知识[J].中国社会科学,2018（8）:126-142,207.

[98] 张全亮.天下武术是一家——从八卦太极参练说起[J].武魂,1998（2）:22-23.

[99] 张士闪.从梅花桩拳派看义和拳运动中的民俗因素[J].民俗研究,1994（4）:54-62,67.

[100] 张祥龙."父亲"的地位——从儒家和人类学的视野看[J].同济大学学报（社会科学版）,2017,28（1）:52-60.

[101] 张莹瑞,佐斌.社会认同理论及其发展[J].心理科学进展,2006,14（3）:475-480.

[102] 赵鼎新.论机制解释在社会学中的地位及其局限[J].社会学研究,2020,35（2）:1-24,242.

[103] 郑健壮,靳雨涵.师徒制综述：回顾与展望[J].高等工程教育研究,2016（3）:69-74.

[104] 钟振山,崔志光.李逊之拳技二三事[J].中华武术,2004（11）:34.

[105] 重远.如何能除袪国术家们的病[J].求是月刊,1935,1（1）:16.

[106] 周飞舟.慈孝一体：论差序格局的"核心层"[J].学海,2019（2）:11-20.

[107] 周伟良.师徒论——传统武术的一个文化现象诠释[J].北京体

育大学学报，2004，27（5）：583-588.

[108] 周延，戴国斌，段丽梅.武术国家化：民国时期武术转型研究[J].体育文化导刊，2020（1）：73-79.

[109] 朱刚.从"社会"到"社区"：走向开放的非物质文化遗产主体界定[J].民族艺术，2017（5）：42-49.

[110] 庄嘉仁.国术师徒制之研究[J].国术研究（台湾版），1997，6（1）：45-58.

后记

  2018 年，初入田野，在与民间拳师访谈过程中我脱口而出："师父教别人怎么练拳，学者试图告诉别人为什么练拳。"尔后，对方坐姿前倾，不时点头的身体语言告诉我得到了认可与接纳。无疑，这样一个开头与报告人建立良好互动关系，为我田野调研过程奠定了良好基调。用报告人的话来说："与你交流可以学到东西，而不是被套东西。"由此，调研期间我能够与报告人进行多次长时间交流。事后反思，我意识到能够不假思索地说出一番话，表明这些年的学术训练已见成效，文化意识已经自动化。这也让我进一步明确了武术文化研究的意义所在，确信应该将武术研究往哪个方向做。在研究问题的探索与发现中，因为有这样的旨趣在其中，所以研究才有了意义，所从事的职业也被赋予了意义，这也是武术学者以此为志业的乐趣所在。

  格尔兹在评价施特劳斯的作品时指出："所有的民族志只是部分哲学，其余的大部分是自白。"文章写作其实就是作者的"自我告白"，在文字中多少传达着作者的生活与心绪。本研究的中心——"传续"的问题来源与我自身的经历分不开。2007 年暑期的一个早晨，一位民间师父在拳场教拳时有意愿收我为徒，他立刻用树枝在我们每日习拳的土地上画出了师门谱系，并告诉我入门后在师门中的位置。听他认真地讲解师门传承历史，我望着地上那被划起的沟痕发呆，我知道那支系有序的线段，是不曾断掉的历史，也是接续不断的责任。当时如大多数心性未定，凭一时兴趣学习的爱好者一样，未有意识承担这份

后记

责任，因而"仓皇逃离"退出练习。多年来心里挥之不去那位师父守候在拳场的落寞身影，每每念及，为伤了老人家的心而内疚自责，为辜负老人家一片心意而惭愧不已。这段记忆随着时间的累积而越发觉得遗憾。因为有这段难以释怀的经历也让我对"接续责任"有切身体会，深知民间传承中师父对弟子那份传承责任的在意与用心。哪怕不是入门弟子，哪怕时过境迁，心中总抹不去这个经历留下的心结，在生活的某个时候，时不时出现在眼前。所以，当我进入田野寻找研究课题时，民间拳师不经意间说出的一句话"徒弟与学生不一样，徒弟要把我这一支传下去"，让我过往的记忆被瞬间激活，顿悟"师徒传续的特殊使命不正是武术民间传承的精髓所在吗"？这才是真正的民间传承实际啊，同时，这与我们过去理论上理解的武术传承并不完全相同，从那时起，我觉得有必要把这个重要的东西写下来，也算是对过去遗憾的一种补偿了。

此后，"传续"就成了我生活的一部分，成为我看待事物时的普遍方法，也由此将过去的认识围绕传续进行重新整理。犹记得，当年投师戴国斌先生带着"武术居然可以这样研究"的感叹心向往之，忍不住向周围人介绍，也带着"武术研究当如此耶"的信念，心中暗许。看到戴老师"带着自己学生、学生的学生做文化研究"的师者愿望时，满心期待并大胆向朋友说出"我要接续这一条学术支系"的豪言壮语。那是看到武术研究新世界后爆发的强烈激情，也是一个念想。现在看来，那时的热情暗合了"传续"意志，成为以后研究"师徒传续"的伏笔。也许师者之道就是给弟子一个念想，让他从此有了可供追寻与长进的方向。正如武术传说那样，全佑得杨露禅一句"守住中心往开打"便开创吴式太极拳的基业，那句话是师父给徒弟的念想，也是师传与徒续的机缘所在。我们师徒的缘分，既是心向往之，来学求教的决心使然，也是彼此研究理想，初心相遇的写照。

我的研究不仅是具体的拳种与拳场，而且围绕研究论题的思考让我生活处处是田野，时时有门户。上海体育学院、武术学院、戴门小书苑（同门）、2016级武术博士六人行（同学），无论哪个都是我的门户，都是我的武术社会田野，让我在门户中感悟武术人、武术师徒、武术社会。门户是学者的孵化器与保育箱。上海体育学院的"体育一流学府"荣誉，给了我令人自豪的门户身份，也塑造了我们处处当精英的自我要求与荣誉感，让我守住研究底线，绝不粗制滥造辱没学校；武术学院鼓励创新而生发的学术灵气与已毕业的百名武术博士"敢为天下先"的学统，给了我"敢想敢做"的胆量与学术自信，让我打造学术话语时有勇气敢做敢当，以推进前人研究为志向并义无反顾；师门对学术思想的培育赋予，我接续武术文化研究责无旁贷的学术使命；同学们的关爱包容，让我不用顾忌被人冷眼而自由表达思想。我的生活处处是门户，处处是田野。优良氛围的门户生活给学者以感悟，也培育了研究者。

　　本书的完成得益于诸位师友的协助，在此表示感谢。感谢参与调研的受访者，虽然你们的名字大多都不会出现在文中，但与你们交流沟通过程中，让我对文化传承有了深刻的理解与敬意，不能具名感谢，在此留言以致意。感谢为本书出版给予帮助的人，感谢编辑为之修订、校对文字。本书的出版是对家人多年支持的回报，谨以此书献给我的家人。

主要学习经历

2006—2010 年,就读于天津体育学院体育教育专业,获教育学学士学位。

2010—2013 年,就读于天津体育学院民族传统体育学专业,获教育学硕士学位。学位论文题目:《张之江武术思想研究》,指导教师:杨祥全教授。

2016—2021 年,就读于上海体育学院民族传统体育学专业,攻读教育学博士学位,学位论文题目:《武术民间传承的社会机制——以师徒门户传承为考察视角》,指导教师:戴国斌教授。

攻读博士期间科研经历

一、发表学术论文

1. 刘启超，戴国斌，段丽梅. 近代中国"武侠"再造与"武德"型塑之研究 [J]. 体育科学，2018，38（5）：80-87.

2. 刘启超，戴国斌，李文鸿. 中国武术师徒制文化传续论 [J]. 上海体育学院学报，2021，45（8）：63-72.

3. 刘启超，戴国斌，张君贤. 中国武术传承的群体实践研究 [J]. 天津体育学院学报，2022，37（3）：316-323.

二、参与课题研究

1. 教育部人文社会科学研究规划基金项目（17YJA890005）《学校武术"身体转向"之全人教育研究》。

2. 国家社会科学基金项目（19BTY121）《中国武术竞技思想研究》。

3. 国家社会科学基金项目（19BTY120）《城乡融合中乡村武术文化生态变迁与治理研究》。

4. 教育部人文社会科学研究青年基金项目（21YJC890016）《民国时期社会参与武术教育治理的历史经验及新时代转化研究》。

获奖情况

1.2016 年获上海体育学院博士研究生二等奖学金。

2.2017 年获上海体育学院博士研究生二等奖学金。

3.2018 年获上海体育学院博士研究生一等奖学金。